PROJETOS DE MATEMATIZAÇÃO
DA LÓGICA

Universidade Estadual de Campinas

Reitor
Antonio José de Almeida Meirelles

Coordenadora Geral da Universidade
Maria Luiza Moretti

Conselho Editorial

Presidente
Edwiges Maria Morato

Carlos Raul Etulain – Cicero Romão Resende de Araujo
Frederico Augusto Garcia Fernandes – Iara Beleli
Marco Aurélio Cremasco – Maria Teresa Duarte Paes
Pedro Cunha de Holanda – Sávio Machado Cavalcante
Verónica Andrea González-López

Rafael da Silva da Silveira

PROJETOS DE MATEMATIZAÇÃO DA LÓGICA:
de Raimundo Lúlio a Giuseppe Peano

EDITORA UNICAMP

FICHA CATALOGRÁFICA ELABORADA PELO
SISTEMA DE BIBLIOTECAS DA UNICAMP
DIVISÃO DE TRATAMENTO DA INFORMAÇÃO
Bibliotecária: Maria Lúcia Nery Dutra de Castro – CRB-8ª / 1724

Si39p   Silveira, Rafael da Silva da
         Projetos de matematização da lógica : de Raimundo Lúlio a
         Giuseppe Peano. – Campinas, SP : Editora da Unicamp, 2023.

         1. Lúlio, Raimundo, 1232-1315. 2. Peano, Giuseppe, 1858-1932.
         3. Lógica simbólica e matemática. 4. Lógica – História. I. Título.

CDD – 189
– 510.1
– 511.3
– 160.9

ISBN 978-85-268-1613-8

Copyright © by Rafael da Silva da Silveira
Copyright © 2023 by Editora da Unicamp

As opiniões, hipóteses, conclusões e recomendações expressas
neste livro são de responsabilidade do autor e não
necessariamente refletem a visão da Editora da Unicamp.

Direitos reservados e protegidos pela lei 9.610 de 19.2.1998.
É proibida a reprodução total ou parcial sem autorização,
por escrito, dos detentores dos direitos.

Foi feito o depósito legal.

Direitos reservados a

Editora da Unicamp
Rua Sérgio Buarque de Holanda, 421 – 3º andar
Campus Unicamp
CEP 13083-859 – Campinas – SP – Brasil
Tel.: (19) 3521-7718 / 7728
www.editoraunicamp.com.br – vendas@editora.unicamp.br

Dedico a todos aqueles que participaram desta trajetória.

Agradecimentos

Agradeço imensamente o apoio, compreensão e paciência de meus pais, que estão constantemente ao meu lado e incentivam meus sonhos.

Aos meus amigos agradeço as conversas, os desabafos sobre este trabalho (mesmo eles não fazendo ideia do que se tratava) e os momentos de descontração que possibilitaram novos ânimos.

Aos professores do Programa de Pós-Graduação em Filosofia (PGF) da Universidade Estadual de Maringá (UEM) agradeço as oportunidades de aprendizado, os aprofundamentos de temáticas e a participação do Conselho do PGF, que possibilitaram a desconstrução e a reconstrução de um jovem professor e o nascimento de um pesquisador na área de Filosofia.

Ao professor Evandro Luís Gomes agradeço a orientação, as oportunidades de ampliação das perspectivas da história da lógica e os debates sobre as relações entre autores, permitindo uma visão mais crítica e mais ampla do desenvolvimento da lógica.

Agradeço também ao professor Max Rogério Vicentini e à professora Itala Maria Loffredo D'Ottaviano, que compuseram a banca de qualificação, destacando os aspectos que deveriam ser revistos e melhorados, permitindo, assim, um trabalho mais completo e coerente com a temática.

A filosofia está escrita neste grande livro que está continuamente aberto diante de nossos olhos (digo, o universo), mas você não pode entendê-la, a menos que primeiro aprenda a entender a linguagem e conheça os caracteres em que está escrita. Ela está escrita em linguagem matemática, e os caracteres são triângulos, círculos e outras figuras geométricas, sem o que significa que é impossível entender humanamente a palavra; sem estes, é inútil vagar por um labirinto sombrio.

Galileu Galilei, *Il saggiatore*

Sumário

Listas gerais	**13**
Prefácio	**19**
Introdução	**23**

1 Simbolização, formalização e matematização   **35**

1.1 Sobre a noção de formalidade em lógica . . .   36
1.2 Acerca da noção de linguagem   41
1.3 Linguagens formais   48
1.4 A história da linguagem formal como cálculo   51

2 Alguns precursores da matematização do pensamento   **63**

2.1 A *Ars magna* de Raimundo Lúlio   64
2.2 *Pharus*: o tratado lógico de Sebastián Izquierdo   79
2.3 Thomas Hobbes e o *De corpore*   93
2.4 A *Ars combinatoria* de Gottfried Wilhelm Leibniz   98

3 Pioneiros da matematização da lógica   **115**

3.1 George Boole e a algebrização da lógica . . . 116

    3.1.1 A silogística na perspectiva da álgebra booleana 120

3.2 Contribuições de Augustus De Morgan . . . 126

    3.2.1 Os objetos, as ideias e os nomes 126

3.3 A *Conceitografia* e as contribuições de Gottlob Frege 137

    3.3.1 A *Conceitografia* 139

3.4 Os formulários de Giuseppe Peano 150

    3.4.1 A aritmética e o novo método expositivo 152

    3.4.2 *Formulaire de mathématiques* 164

Considerações finais   179

Referências bibliográficas   191

Listas gerais

Abreviaturas

C	*La logique de Leibniz* (Louis Couturat)
GI	*General Inquiries* (Carl I. Gerhardt)

Lógica proposicional e de predicados

$a, b, c, \ldots, t, a_1, b_1, \ldots, t_1, a_2, \ldots$	constantes individuais
$\boldsymbol{a}, \boldsymbol{b}, \boldsymbol{c}, \ldots, \boldsymbol{t}, \boldsymbol{a}_1, \boldsymbol{b}_1, \ldots, \boldsymbol{t}_1, \boldsymbol{a}_2, \ldots$	metavariáveis para constantes individuais
$u, v, x, \ldots, z, u_1, v_1, \ldots, z_1, u_2, \ldots$	variáveis individuais
$\boldsymbol{u}, \boldsymbol{v}, \boldsymbol{x}, \ldots, \boldsymbol{z}, \boldsymbol{u}_1, \boldsymbol{v}_1, \ldots, \boldsymbol{z}_1, \boldsymbol{u}_2, \ldots$	metavariáveis para variáveis individuais
$\neg A$	fórmula negada (clássica)
$A \wedge B$	conjunção (clássica)
$A \vee B$	disjunção inclusiva (clássica)

$A \veebar B$	disjunção exclusiva (clássica)
$A \rightarrow B$	condicional material (clássico)
$A \leftrightarrow B$	bicondicional (clássico)
$\forall x A$	quantificador para universais ("para todo x") e A é uma fórmula em que "x" ocorre
$\exists x A$	quantificador existencial ("existe um x tal que") e A é uma fórmula em que "x" ocorre
$\top$	*Verum*, constante do valor verdade verdadeiro
$\bot$	*Falsum*, constante do valor verdade falso
$A \Rightarrow B$	"A" implica metalogicamente "B"
$A \Leftrightarrow B$	"A" equivale metalogicamente a "B"

Lógica tradicional e teoria silogística[1]

Aab	proposição categórica universal afirmativa (*A*) – "*a* pertence a todo *b*" ou "*a* é predicado de todo *b*"
Eab	proposição categórica universal negativa (*E*) – "*a* pertence a nenhum *b*" ou "*a* é predicado de nenhum *b*"
Iab	proposição categórica particular afirmativa (*I*) – "*a* pertence a algum *b*" ou "*a* é predicado de algum *b*"
Oab	proposição categórica particular negativa (*O*) – "*a* não pertence a algum *b*" ou "*a* não é predicado de algum *b*"

Teoria de conjuntos

$X \in Y$	X pertence a Y
$X \subseteq Y$	X é subconjunto de Y
$X \subset Y$	X é um subconjunto de Y e $X \neq Y$

---

[1]Łukasiewicz, 1951, p. 77.

$\overline{X}$	complemento de X, $Y \notin X$
$X \cap Y$	interseção de X e Y
$X \cup Y$	união de X e Y

Tabelas

1	Classificação e notação das proposições categóricas aristotélicas	26
2	Figuras dos silogismos categóricos	27
3	Os modos válidos dos silogismos categóricos	28
1.1	As quatro figuras do silogismo categórico . .	52
2.1	Classificação das proposições segundo Sebastián Izquierdo	82
2.2	Relações binárias entre as proposições categóricas segundo Izquierdo	85
2.3	Relações ternárias entre as proposições categóricas segundo Izquierdo	86
2.4	Modos válidos dos silogismos hipotéticos e mistos segundo Izquierdo	88
2.5	Figuras do silogismo composto e seus modos válidos	92
2.6	Tabela de leis de $L1$ de Leibniz	109
2.7	Comparativa entre álgebras de conceitos e proposições em Leibniz	113
3.1	Tabela de representação e contranominal . .	135

Listas gerais 17

3.2	Tabela dos sinais utilizados por Peano	153
3.3	Sinais utilizados por Peano para denotar as proposições	154
3.4	Primeiro grupo de proposições de acordo com Peano	154
3.5	Segundo grupo de proposições de acordo com Peano	155
3.6	Terceiro grupo de proposições de acordo com Peano	156
3.7	Quarto grupo de proposições de acordo com Peano	156
3.8	Quinto grupo de proposições de acordo com Peano	158
3.9	Sexto grupo de proposições de acordo com Peano	158
3.10	Notação para teoria de classes de acordo com Peano	159

Figuras

1	Quadrado lógico aristotélico	27
1.1	Ideogramas em chinês simplificado	44
2.1	Métodos de Lúlio	67
2.2	Primeira figura de Lúlio	69
2.3	Segunda figura de Lúlio	70
2.4	Terceira figura de Lúlio	71
2.5	Quarta figura de Lúlio	72

2.6	Quinta figura de Lúlio	73
2.7	Círculo cromático	75
2.8	Diagrama das lógicas de Leibniz, segundo Lenzen	105
3.1	Representação do exemplo de identidade de conteúdo	146
3.2	Quadrado lógico das oposições e do formalismo de Frege	149

Prefácio

A lógica foi, por muito tempo, considerada uma disciplina sem história. Graças, em parte, ao parecer de Immanuel Kant, expresso no Prefácio da segunda edição da *Crítica da razão pura*, de que a lógica se encontrava pronta e acabada desde a contribuição inaugural de Aristóteles, houve escassez de estudos que versassem sobre o desenvolvimento histórico da lógica.

Nos últimos tempos, o cenário tem melhorado significativamente, tanto no Brasil quanto no exterior. Nesse contexto, o presente livro é uma contribuição à literatura de história da lógica, assim como à literatura de história da filosofia.

Partindo de fontes e de estudos especializados, Rafael da Silva da Silveira apresenta, no *Projetos de matematização da lógica: de Raimundo Lúlio a Giuseppe Peano*, o enredo da paulatina constituição da perspectiva de matematização da lógica, da criação e do estabelecimento da moderna notação simbólica com a qual a teoria lógica tem sido cultivada desde o século XIX.

Esse avanço não é mero detalhe; de fato, no presente livro, o autor narra os aspectos estruturais mais marcantes dessa história de uma genuína revolução científica, que permitiu a exploração dos múltiplos universos da logicidade a partir de contribuições memoráveis de inúmeros autores, verdadeiros ícones da história da lógica.

Assim, semelhante ao advento de instrumentos científicos sofisticados como o telescópio e o microscópio na prática científica, que revolucionaram nosso entendimento da natureza no âmbito do muito grande e do muito pequeno, a matematização e o emprego da notação simbólica em lógica constituíram-se num instrumento poderoso, capaz de penetrar por meandros antes inacessíveis, tanto no universo da linguagem natural e artificial quanto no da inferência racional.

Resgatando o papel de figuras historicamente decisivas, o autor inclui os mais ilustres precursores e artífices do projeto de matematização da lógica, entre eles, Raimundo Lúlio, Sebastián Izquierdo, Thomas Hobbes, Gottfried W. Leibniz, George Boole, Augustus De Morgan, Gottlob Frege e Giuseppe Peano.

A história que o livro conta não constitui uma narrativa linear; a história da lógica é repleta de descontinuidades e retomadas, todas sempre contextualmente significativas e conectadas às mais diversas searas do conhecimento, como em filosofia, matemática, ciências naturais e humanas, todas inseridas no âmago mesmo da própria cultura.

Prefácio

Esperamos que o leitor aprecie este livro e possa compreender a trajetória teórica que trouxe a representação da forma lógica desde os silogismos aristotélicos até a moderna representação notacional que empregamos em lógica atualmente.

Evandro Luís Gomes

Introdução

De uma forma genérica, pode-se definir lógica como um instrumento que possibilita analisar e averiguar a validade das deduções feitas pela razão vista como "a faculdade por intermédio da qual concebemos, julgamos e raciocinamos".[1] Contudo, esse instrumento não é estático e imutável. A teoria lógica, no decorrer da história, apresenta-se em formalizações distintas. Citam-se, como exemplos, a silogística introduzida por Aristóteles na lógica grega antiga, a antecipação da lógica proposicional pelos autores megárico-estoicos e o emprego de estratégias de cálculo e matematização em lógica – já conjecturado e projetado por Leibniz no século XVII –, desde a segunda metade do século XIX.

Como será visto no decorrer deste trabalho, muito se falará acerca dos silogismos aristotélicos e de como tais instâncias são a pedra angular para novas perspectivas e novos questionamentos sobre a lógica. Por isso, questiona-se: o que são, afinal, os silogismos? Aristóteles, em seu *Analíticos anteriores*, define silogismo da seguinte maneira:

---

[1]Costa, 2008, p. 14.

> O silogismo é uma locução em que, dadas certas proposições, algo distinto delas resulta necessariamente, pela simples presença das proposições dadas. Por *simples presença das proposições dadas* entendo que é mediante elas que o efeito se obtém; por sua vez, a expressão *é mediante elas que o efeito se obtém* significa que não se carece de qualquer outro termo a elas estranho, para obter esse necessário efeito.[2]

Apesar dessa definição possibilitar uma diversidade de tipos de argumentos, Aristóteles descreve um determinado tipo formado por duas premissas e uma conclusão. Esse argumento deriva de proposições categóricas asseríveis (capazes de serem valoradas), dois *(termos) extremos* e um *termo médio* que é apresentado nas duas premissas e nunca na conclusão. Os demais termos das proposições são apresentados como *termo maior* (o predicado) e *termo menor* (o sujeito) da conclusão.[3] O argumento a seguir é um exemplo de silogismo aristotélico:

> Se A é predicado de todo B e B de todo C, A terá necessariamente que ser predicado de todo C. Já explicamos o que queremos dizer ao asseverar que um termo *é predicado de todo um outro*. Analogamente, também, se A não é predicado de *nenhum* B e B é predicado de *todo* C, segue-se que A não se aplicará a nenhum C.[4]

Como abordado anteriormente, os silogismos são formados por proposições e estas são classificadas pela qualidade

---

[2]Aristóteles, 1986, A1, 24b 18-22. Referimos aqui e noutras passagens à tradução de Pinharanda Gomes; *vide* Aristóteles, 1986.

[3]Gomes & D'Ottaviano, 2010, p. 2.

[4]Aristóteles, 1986, A1, 26a.

Introdução

(*afirmativa* ou *negativa*) e pela quantidade (*universal, particular* ou *indeterminada*). Ressalta-se que Aristóteles desenvolve seu sistema silogístico utilizando as duas primeiras.[5]

> A premissa é uma oração que afirma ou nega alguma coisa de algum sujeito. Esta oração pode ser universal, particular ou indefinida. Entendo por *universal* a oração que se aplica a tudo ou a nada do sujeito; por *particular* entendo a oração que se aplica a alguma coisa do sujeito, ou não se aplica a alguma coisa deste, ou não se aplica a todo; por *indefinida* entendo a oração que se aplica ou não se aplica sem referência à universalidade ou particularidade.[6]

De forma a demonstrar a classificação e a compreensão das proposições feitas por Aristóteles, utilizaremos a notação difundida por Petrus Hispanus (?-1277), em seu *Tractatus* (aproximadamente em 1246), que, posteriormente, ficou conhecido como *Summulae logicales*, no qual as proposições são simbolizadas por formas mnemônicas tradicionais (*A, E, I, O*) expressas como na tabela a seguir (Tabela 1).[7]

Além dos silogismos, outra relação existente entre as proposições é a *relação de oposição, i.e.*, como as proposições categóricas são analisadas permitindo compreender a *contrariedade*, em que as proposições podem ser ambas falsas ao mesmo tempo, contudo não podem ser verdadeiras ao mesmo tempo (relação entre as universais afirmativas e negativas), a *subcontrariedade*, relacionando as proposições particulares que podem ser verdadeiras ao mesmo tempo, mas nunca falsas simultaneamente.

---

[5]Gomes & D'Ottaviano, 2010, p. 4.
[6]Aristóteles, 1986, A1, 24a 15-20.
[7]Gomes & D'Ottaviano, 2010, p. 5.

Tipo	Notação	Proposição	Enunciado *à la* Aristóteles	Enunciado usual
A	Aab	Universal afirmativa	"a pertence a todo b"	"Todo b é a"
E	Eab	Universal negativa	"a pertence a nenhum b"	"Nenhum b é a"
I	Iab	Particular afirmativa	"a pertence a algum b"	"Algum b é a"
O	Oab	Particular negativa	"a não pertence a todo b"	"Algum b não é a"

Tabela 1: Classificação e notação das proposições categóricas aristotélicas (adaptada de Gomes & D'Ottaviano, 2010).

Em seguida, a relação de *contraditoriedade*, na qual as proposições não podem ser ambas verdadeiras nem falsas (relação entre as proposições de quantidade e qualidade opostas), e de *subalternidade*, apresentando a relação do todo para a parte (entre proposições de qualidade igual, mas quantidade diferente). Ressalta-se que as relações subcontrárias e subalternas não foram desenvolvidas sistematicamente por Aristóteles em seus escritos, como apontam diversos estudiosos; todavia essas duas relações constam no *Órganon* e são estudadas mais tarde por outros lógicos.[8]

Pelo exposto, e com o propósito de sistematizar a análise das oposições, é necessário que se mobilizem os princípios de *Identidade*, em que todo indivíduo é idêntico a si; *Não Contradição*, segundo o qual algo não pode ser e não ser ao mesmo tempo; e *Terceiro Excluído*, em que não há uma terceira opção ou valor a ser dado. Diante disso, apresentamos, a seguir, uma diagramação dessas relações (Figura 1).

---

[8]*Idem*, pp. 4-6.

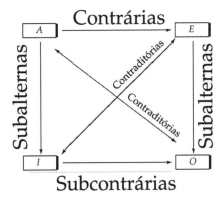

Figura 1: Quadrado lógico aristotélico.

Dando continuidade à sistematização aristotélica dos silogismos, há quatro configurações esquemáticas,[9] considerando a sintaxe do termo médio (b) e sua posição. Tais configurações são denominadas *figuras* (Tabela 2).

Figura	Premissas	Conclusão	Função sintática do b
I	ab, bc	ac	sujeito-predicado
II	ba, bc	ac	predicado-predicado
III	ab, cb	ac	sujeito-sujeito
IV	ba, cb	ac	predicado-sujeito

Tabela 2: Figuras dos silogismos categóricos (adaptada de Gomes & D'Ottaviano, 2010).

Utilizando essas figuras e as combinações possíveis dos termos, há um total de 64 modos possíveis, o que possibilita

---

[9]Como explicam Gomes e D'Ottaviano (*idem*, p. 7): "Aristóteles estuda os silogismos da quarta figura [...] no capítulo 7 do Livro A e no capítulo 1 do Livro B dos *Analíticos Anteriores*. Entretanto, tais modos válidos não aparecem na relação que foi considerada canônica, aquela patente nos capítulos 4 a 6 do Livro A da mesma obra".

28 Projetos de matematização da lógica

dessa forma 264 silogismos, dos quais apenas 24 deles são válidos. É preciso salientar que 9 desses 24 modos válidos requerem uma hipótese existencial (exprimindo o realismo subjacente à lógica aristotélica).[10] Os modos válidos são enumerados na Tabela 3, sendo destacados com o asterisco (*) os modos que necessitam de hipótese existencial:

Primeira figura	Segunda figura	Terceira figura	Quarta figura
Aab, Abc ⊢ Aac	*Eba, Abc ⊢ Eac*	*Aab, Acb ⊢ Iac**	*Aba, Acb ⊢ Iac**
Eab, Abc ⊢ Eac	*Aba, Ebc ⊢ Eac*	*Eab, Acb ⊢ Oac**	*Aba, Ecb ⊢ Eac*
Aab, Ibc ⊢ Iac	*Eba, Ibc ⊢ Oac*	*Iab, Acb ⊢ Iac*	*Iba, Acb ⊢ Iac*
Eab, Ibc ⊢ Oac	*Aba, Obc ⊢ Oac*	*Aab, Icb ⊢ Iac*	*Eba, Acb ⊢ Oac**
*Aab, Abc ⊢ Iac**	*Eba, Abc ⊢ Oac**	*Oab, Acb ⊢ Oac*	*Aba, Icb ⊢ Oac*
*Eab, Abc ⊢ Oac**	*Aba, Ebc ⊢ Oac**	*Eab, Icb ⊢ Oac*	*Aba, Ecb ⊢ Oac**

Tabela 3: Os modos válidos dos silogismos categóricos.

Nota-se que, para Aristóteles, os silogismos da primeira figura são os mais perfeitos. Desse modo, os silogismos da primeira figura "concluem afirmativa e universalmente, pressuposto formal do silogismo científico",[11] os da segunda figura possuem a conclusão sempre negativa em seus modos válidos e na terceira figura suas conclusões sempre são particulares.[12]

Após o desenvolvimento e a análise dos silogismos,

---

[10]*Idem*, p. 8.

[11]*Idem*, p. 9.

[12]*Idem, ibidem.*

Introdução 29

Aristóteles introduz e analisa alguns resultados metateóricos importantes:

- Todo silogismo exige três termos e não mais (A23, 41a 7-13; A25, 41b 36-37);

- Em todo silogismo requer-se que pelo menos um dos termos seja predicado afirmativamente e que uma predição seja universal (A24, 41b 6-9):

    - (a) Não há silogismo a partir de premissas negativas (A12, 32a 6-8);

    - (b) De duas premissas particulares nada se deduz (A45, 51a 40-41);

- De premissas verdadeiras não se pode extrair uma conclusão falsa (B2, 53b 7-8);

- De premissas falsas pode-se extrair uma conclusão verdadeira (B2, 53b 8-10). Tal conclusão se refere à [*sic*] um determinado estado de coisas.);

- De premissas contraditórias não se segue, necessariamente verdadeiro, o mesmo (B4, 57b 2-3);

- De premissas opostas (contrárias e contraditórias) pode-se derivar conclusão válida (negativa) em certos modos específicos da segunda e da terceira figura (B15).[13]

Há, por fim, uma última classificação apresentada nos *Analíticos anteriores* sobre os silogismos entre *perfeitos* e *imperfeitos*. Aristóteles define *silogismo perfeito* da seguinte forma: "Chamo de silogismo *perfeito* o que nada requer além do que nele está compreendido para evidenciar a necessária conclusão".[14] E *silogismo imperfeito* como "aquele

---

[13]*Idem*, p. 13. Tais resultados foram ali sistematicamente indicados.
[14]Aristóteles, 1986, A1, 24b 23-24.

que requer uma ou mais proposições as quais, ainda que resultem necessariamente dos termos formulados, não estão compreendidas nas premissas".[15] Ressalta-se que os silogismos imperfeitos são perfectíveis e demonstrados de maneira direta (por regras de dedução e utilização da primeira figura) ou indireta (por meio de impossibilidade).[16]

Tendo isso, nota-se que a teoria do silogismo é o ponto de partida para os projetos de matematização e formalização da lógica; sendo assim, este livro tem três grandes propósitos. O primeiro é possibilitar uma visão linear do desenvolvimento da lógica relacionada com conceitos matemáticos, disposta a partir da combinatória aplicada a mecanismos cujo objetivo é provar a existência e qualidade de Deus na elaboração de um compilado de axiomas e deduções oriundos da perspectiva lógico-matemática.

O segundo propósito deste livro é o de analisar e distinguir o(s) conceito(s) referente(s) à linguagem, *e.g.*, naturalidade e artificialidade, formal e informal, características fundamentais, representação simbólica, entre outros, que possibilitam investigar o impacto de uma linguagem como ferramenta de expressão de uma sequência de inferências e deduções.

Por fim, o terceiro propósito é o de observar o impacto das linguagens formais no processo de desenvolvimento da lógica e se tais linguagens foram capazes de expressar, de maneira satisfatória, as deduções lógicas.

---

[15]*Idem*, A1, 24b 25-26.
[16]Gomes & D'Ottaviano, 2010, p. 10.

Introdução 31

Para discutir o processo de matematização da lógica, o presente trabalho está dividido em três capítulos: o capítulo 1 apresenta uma análise da linguagem, suas particularidades e distinções, *e.g.*, linguagem natural e linguagem artificial, bem como discute o conceito de formal ou formalidade, vistas as particularidades, *e.g.*, formal como dessemantificação e formal como computacional. Além disso, apresentam-se algumas relações entre o debate sobre essas linguagens formais no âmbito da lógica.

No capítulo 2 analisamos os autores que buscavam matematizar o pensamento como forma segura e confiável. Os autores estudados foram: Raimundo Lúlio (1232-1315), analisando sua obra *Ars magna* e o uso de variáveis e análise combinatória que permitem compreender a existência e as qualidades de Deus, ressalta-se também que o autor, nessa obra, apresenta uma forma mecânica de trabalhar com as combinações por meio de discos sobrepostos e as figuras provenientes deles; Sebastián Izquierdo (1601-1681), na obra *Pharus*, em que trabalha com uma combinatória das proposições no que se refere à forma, qualidade, quantidade, condição e estrutura, partindo da silogística aristotélica para introduzir os silogismos hipotéticos puros, mistos e compostos.

De maneira distinta da maioria dos estudos sobre esse autor, analisamos Thomas Hobbes (1588-1679) e a compreensão do raciocínio por meio da soma e subtração de notas, termos e nomes no *De corpore*. Assim concluímos esse capítulo com a análise de Gottfried Wilhelm Leibniz

32 Projetos de matematização da lógica

(1646-1716) na obra *Ars combinatoria* e em alguns escritos coligidos no *Die philosophischen schriften von G. W. Leibniz*, tendo como finalidade a axiomatização do pensamento por meio dos cinco axiomas-base, bem como as relações através da combinatória e do cálculo oriundos da matemática, *e.g.*, o pertencimento, a transposição, a inserção e definição do termo *Nihil* (nada) e o projeto "tradução" da álgebra de conceitos para a álgebra de proposições, visando à formação do *calculo rationator*.

O capítulo 3 aprofunda a discussão sobre os pioneiros da matematização da lógica: George Boole (1815-1864), com as obras *The mathematical analysis of logic* e *An investigation of the laws of thought on which are founded the mathematical theories of logic and probabilities*, nas quais apresenta sua álgebra aplicada às proposições, transcrevendo-as em expressões matemáticas, assim como a utilização dos valores de verdade e falsidade como os valores "0" e "1" (utilizados de acordo com a regra de potenciação); posteriormente analisamos Augustus De Morgan (1806-1871), cujas obras analisadas foram: *First notion of logic, Formal logic or the calculus of inference, necessary and probable, Elements of arithmetic* e *Syllabus of a proposed system of logic*, esta última analisa e distingue as noções de ideias, objetos, nomes e abstrações, que culminam em uma análise e um formalismo de caráter matemático.

Nesse processo de matematização, analisamos também, devido a sua notoriedade, Gottlob Frege (1848-1925), com as obras *Conceitografia, Os fundamentos da aritmética* e *So-*

Introdução

bre a finalidade da conceitografia, em que o autor desenvolve seu sistema formal com estrutura bidimensional de análise e relação entre os termos e sentenças já representada por variáveis distinguidas entre conteúdo e juízos; e por fim Giuseppe Peano (1858-1932), com o *Arithmetices principia, nova methodo exposita* e os volumes do *Formulaire de mathématiques* com a compilação de notações, axiomas e deduções referentes à lógica matemática.

Essas obras e esses autores foram escolhidos para tal análise por se destacarem nas contribuições diretas ou indiretas ao desenvolvimento de uma linguagem formal que buscava ser capaz de exprimir de maneira segura e precisa os diversos objetivos das lógicas existentes. É válido ressaltar que a reconstituição histórica do projeto de matematização da lógica apresentado neste livro foi intencional para possibilitar uma análise mais fluida, pois, como mencionado anteriormente, o desenvolvimento dessa linguagem formal de cunho matematizado não ocorre de maneira contínua e também sofre variações no desenvolvimento de outras lógicas com o passar dos anos.

Capítulo 1

Simbolização, formalização e matematização

Ao estudar lógica, não é incomum depararmo-nos com questões acerca da forma em que ela é expressa, por meio de um tipo de linguagem, natural ou artificial, da formalização nessa linguagem e de que maneira ocorre sua representação e simbolização. Ao pensar em uma linguagem formal, assim como Catarina Dutilh Novaes sugere, esta ocorre, em sua maioria, através de uma associação com uma linguagem representada por símbolos matemáticos. Contudo, essa visão é limitada e reduz o impacto do formalismo da linguagem em outras ciências por atribuir um papel de maior precisão e nitidez, contrário às imperfeições da linguagem natural, impossibilitando compreender o real impacto desta na realidade.[1]

---

[1]Dutilh Novaes, 2012, pp. 1-2.

Segundo Dutilh Novaes, para compreender o uso de linguagens formais na lógica, uma perspectiva histórica faz-se necessária. A construção das linguagens formais pode ser vista de forma processual, tendo em vista a necessidade da humanidade para desenvolver uma ferramenta que possibilitaria a resolução de problemas e execução de tarefas com mais eficácia. Portanto, analisar os fatores históricos e culturais do desenvolvimento dessas linguagens permite compreender o seu progresso real e o papel significativo, no caso desta análise, na lógica.[2]

Tendo em vista o uso de uma linguagem formal em lógica, este capítulo aborda o próprio conceito de formalidade, de linguagem (natural ou não), bem como sua denotação, simbolização, regimentação e utilização na lógica apresentando também alguns personagens históricos de grande impacto no desenvolvimento dessa linguagem, que serão abordados no decorrer deste livro.

1.1 Sobre a noção de formalidade em lógica

Ao analisar a noção de formalidade e seu papel em lógica, apoiamo-nos na análise de Catarina Dutilh Novaes. Para a autora, a noção de formal ou formalidade possui uma dupla interpretação: uma, ao se referir à *forma*, *i.e.*, aquilo que é; a outra, ao se referir às *regras*, *i.e.*, aquilo que é

---

[2]*Idem*, p. 3.

Cap. 1. Simbolização, formalização e matematização   37

realizado ou alguém realiza. Tendo isso em vista, é possível fazer uma segunda interpretação: do formal como *dessemantificação* e do formal como *computável*.[3]

A ideia de *dessemantificação* está ligada à abstração de qualquer significado, à maneira do formalismo de Hilbert, *i.e.*, em uma linguagem escrita, abordar seus símbolos como inscrições sem significado (como no caso de objetos matemáticos puros), tendo sua importância ao analisar teorias e sistemas formais.

Dutilh Novaes afirma que, nas teorias lógico-semânticas dos séculos XIII a XVI, os tipos significativos de suposições eram formais na medida em que possuíam uma significação vinculada à noção de forma; contudo, ao considerar os termos em sua materialidade, estes eram, apenas, uma suposição material. Foi a partir do século XIX que a concepção de formal como "sem sentido" (desprovido de significado) acabou sendo consolidada no programa de fundamentos da matemática de David Hilbert na década de 1920.[4] Pode-se esboçar essa consolidação a partir do relato de um dos membros da escola, Paul Bernays. Ele afirma que

> o caráter tipicamente matemático da teoria da prova se manifesta de maneira especialmente clara pelo papel do simbolismo lógico [*Symbolik*]. O simbolismo, nesse caso, é a ferramenta para a realização da abstração formal. [...] O pensamento matemático usa a figura simbólica para realizar a abstração formal.[5]

---

[3]*Idem*, p. 12.
[4]*Idem*, p. 13.
[5]Bernays, 1930, p. 248: "The typically mathematical character of

É nessa perspectiva que a noção de abstração é compreendida como o ato de ignorar o conteúdo de um signo ou sinal, *e.g.*, "→", tornando-se um objeto considerado em si mesmo devido à abordagem dessemântica, diferentemente daquela feita por Aristóteles, na qual a abstração tinha base nas formas materiais ou substanciais.

A noção de formal como *computável* está difundida no desenvolvimento da lógica nas últimas oito décadas e é entendida como a realização de cálculos oriundos de uma sequência de instruções, com regras de formação e transformação, podendo ser, dessa forma, compreendida como essencialmente derivada da dessemantificação. Ressaltamos, como explica Dutilh Novaes, que, para autores como Kurt Gödel (1906-1978) e Stephen Kleene (1909-1994), o conceito de formal é sinônimo ao de computável e mescla-se com a perspectiva dessemântica quando há a abstração do significado do símbolo e a aplicação de regras de transformação de forma mecânica; tal relação pode ser vista nos processos algorítmicos.[6]

Dutilh Novaes ressalta que a interpretação de formal computável (e com aplicações em um dispositivo) também pode ser vista, de modo rudimentar, nos trabalhos de Raimundo Lúlio (1232-1315), na elaboração de suas figuras combinatórias com o objetivo de provar a existência e os

---

the theory of provability manifests itself especially clearly through the role of logical symbolism [*Symbolik*]. Symbolism in this case is the tool for the accomplishment of the formal abstraction. [...] Mathematical thought uses the symbolic figure to carry out the formal abstraction".

[6]Dutilh Novaes, 2012, pp. 16-18.

Cap. 1. Simbolização, formalização e matematização 39

atributos de Deus, como também pode ser vista nos trabalhos de Gottfried Wilhelm Leibniz (1646-1716), no século XVII, apresentando o pensamento de forma mecânica.[7] Acerca desse projeto, Dutilh Novaes conclui:

> Mas, é claro, as "máquinas pensantes" de Leibniz (que em teoria também operariam com princípios combinatórios, assim como os de Lúlio) nunca foram realizadas. Ao contrário de Lúlio, para Leibniz, a ideia de pensamento mecânico permaneceu essencialmente uma metáfora, e as calculadoras a que ele se refere claramente se destinam a ser seres humanos: seu famoso lema *"Calculemus!"* (Vamos calcular!) é um imperativo dirigido às pessoas, não às máquinas.[8]

Na análise do formal enquanto computável, destaca Dutilh Novaes, há também uma abordagem *intuitiva* baseada em um processo de sucessivas passagens ou transformações de estado para estado, tendo como ponto de partida as premissas, ou de forma mais ampla, as informações, a fim de alcançar a conclusão como resultado de um cálculo. Sendo assim, esse processo é finito, com suas regras de passagem de estados definidas, o que permite que qualquer agente o faça da mesma forma, possuindo também, entre suas propriedades, a discretude, a dinamicidade e a

---

[7] *Idem*, p. 23.

[8] *Idem, ibidem*: "But, of course, Leibniz's 'thinking machines' (which in theory would also operate on combinatorial principles, just as Lull's) never were realized. In contrast to Lull, for Leibniz, the idea of mechanical thinking remained essentially a metaphor, and the calculators he refers to are clearly meant to be humans: his famous motto 'Calculemus!' (Let us calculate!) is an imperative addressed to people, not to machines".

40 Projetos de matematização da lógica

determinabilidade. Logo, dos algoritmos ou do método de cálculo resulta uma determinada unicidade por meio de instruções explícitas, *i.e.*, qualquer indivíduo que se deparar com a questão

$$x_1 \Rightarrow x_2 \Rightarrow \cdots \Rightarrow x_n$$

encontrará como solução o mesmo X_j para qualquer

$$X_{j-1}, j \leq n.[9]$$

Nota-se que, para o desenvolvimento desse processo, também se faz necessário um sistema simbólico notacional:

> os algoritmos dependem criticamente de sua instanciação em porções reais da escrita. Obviamente, uma vez dominado, um algoritmo (por exemplo, "carregar" ao realizar somas dentro do sistema numeral hindu-arábico familiar) pode ser simulado mentalmente, mas isso, de fato, corresponde a uma internalização do artefato cognitivo externo (o procedimento definido em uma determinada notação). Embora afirme que a instanciação simbólica seja necessária (constitutiva) como uma condição para contar algo como um algoritmo ou procedimento de cálculo é uma afirmação extremamente forte, basta observar que, na prática, os seres humanos desenvolveram procedimentos de cálculo em estreita conexão com sistemas notacionais externos.[10]

---

[9] *Idem*, pp. 25-26.

[10] *Idem*, p. 27: "algorithms depend critically on their instantiation in actual portions of writing. Of course, once mastered, an algorithm (say, 'carrying' when undertaking sums within the familiar Hindu-Arabic numeral system) can be simulated mentally, but this in fact corresponds to an internalization of the external cognitive artefact (the procedure as defined in a given notation). While claiming that symbolic instan-

Cap. 1. Simbolização, formalização e matematização   41

Vê-se, assim, que a notação tem o poder de modelar a cognição acerca de aspectos computáveis do conhecimento definindo ou estipulando diferentes graus de expressividade da linguagem quanto aos objetos que visa ou se propõe representar.

1.2   Acerca da noção de linguagem

Tal como a noção de formalidade, o conceito de *linguagem* abrange uma gama muito grande de interpretações, quando se pretende definir sua essência. Dentre essas variáveis, o foco da análise semântica do termo linguagem voltar-se-á para a compreensão do núcleo dos fenômenos da linguagem, nesse caso, segundo Dutilh Novaes, serão tomados como fenômenos centrais das linguagens utilizadas pelos seres humanos que possuem quatro características centrais: *fala, semântica, sintaxe* e *função comunicativa*.[11]

A *fala* é uma característica presente no sistema de comunicação social que depende das capacidades vocais dos seres humanos, mas não é uma exclusividade da espécie, *e.g.*, o sistema vocal de comunicação dos pássaros que realiza papel análogo. Apesar da importância da fala, reduzir a linguagem humana apenas a ela é excessivamente restrito, tendo em vista que a comunicação entre os indivíduos

---

tiation is a necessary (constitutive) condition for something to count as an algorithm or calculating procedure is an exceedingly strong claim, it is sufficient to notice that, in practice, human beings have developed calculating procedures in close connection with external notational systems".

[11]*Idem*, pp. 30-31.

também é feita através de uma linguagem escrita e uma linguagem de sinais.[12]

De modo geral, a *semântica* de uma linguagem pode ser compreendida como a interpretação de partes da linguagem com relação às partes do mundo e como impacto que gera na interação com outros interlocutores e no mundo. Os indivíduos denotam um determinado significado com uma palavra, dessa forma a arbitrariedade da linguagem cessa quando o falante aprende uma determinada palavra levando em consideração seu uso,[13] *e.g.*, ao enunciar a palavra "manga" para um alfaiate, é provável que ele associe à parte de uma roupa, enquanto, ao ouvir a mesma palavra, um agrônomo a associa, possivelmente, à fruta.

Também a noção de *sintaxe* como característica central no processo de linguagem é controversa. É inegável o alto nível de combinações sistemáticas de palavras capazes de gerar expressões complexas (fator essencial para as linguagens humanas). Desse modo, o ponto de divergência recai sobre a disputa entre o nível de complexidade estrutural e a centralidade da competência gramatical da linguagem humana.

A questão principal recai sobre a capacidade de reajustar e o nível até o qual ela pode ser necessária para que uma língua seja falada pelos humanos. Isso, levando em consideração a composicionalidade tanto no aspecto semântico, quanto no sintático e, partindo de frases simples para a com-

---

[12]*Idem*, pp. 31-32.
[13]*Idem*, p. 32.

Cap. 1. Simbolização, formalização e matematização   43

posição de frases complexas, ressaltamos que esse processo é evolutivo no sentido linguístico.[14]

Sobre a *função comunicativa* da língua falada, há algumas teorias acerca do seu real impacto no desenvolvimento da linguagem; entre essas teorias, podemos citar: a necessidade de comunicação, visando à seleção de parentesco, com o objetivo de proteger seus genes ou itens análogos, *i.e.*, a proteção do que hoje podemos compreender como família; outra teoria é o desenvolvimento da comunicação para coordenar ações com outros indivíduos além de seu parentesco, *i.e.*, coordenar uma caça. Tais teorias, como outras sobre a origem da comunicação, compreendem que a interação e a comunicação permitiram aptidão e mudanças nos ambientes ocupados pelos humanos.[15]

Tomar como paradigma a língua falada para definir o que é linguagem acarreta alguns questionamentos quando levamos em consideração a linguagem escrita, pois alguns pensadores interpretam-na como uma outra forma de expressão da língua falada, e, em tal concepção, essa linguagem não seria capaz de acomodar as linguagens formais ou os formalismos da lógica, tendo em vista que nem sempre há uma contraparte no discurso falado, enquanto outros a abordam como um sistema de sinalização essencialmente autônomo da língua falada.[16] Como explica Catarina Dutilh Novaes, acerca da história do desenvolvimento da escrita é válido concluir que

---

[14]*Idem*, pp. 34-37.

[15]*Idem*, pp. 37-40.

[16]*Idem*, pp. 40-42.

a escrita não é uma tecnologia universalmente difundida: muitas sociedades atuais ainda não confiam na escrita de forma significativa. Além disso, historicamente, a grande maioria das populações linguísticas nunca desenvolveu algo como línguas escritas de forma autônoma. [...] o desenvolvimento muito precoce da escrita na Mesopotâmia não teve nenhuma ligação com a ideia de representar a fala. Em vez disso, protoformas de escrita foram usadas para a contagem, mais especificamente para o registro de mercadorias e do excedente de produção.[17]

A esse respeito, um exemplo que pode ser evocado é o do sistema de escrita chinesa simplificada (ideograma), que não tem como fundamento expressar de forma escrita a fonética das palavras, *e.g.*,

Figura 1.1: Ideogramas em chinês simplificado.

O exemplo anterior mostra que não há a expressão da fonética com a escrita. Contudo, há casos nos quais tais afirmações partem de uma estrutura de representação fonética que, posteriormente, ultrapassa tais limites fonéticos

---

[17]*Idem*, p. 42: "Writing is not a universally widespread technology: many current societies still do not rely on writing to any significant extent. Moreover, historically, the vast majority of linguistic populations never developed anything like written languages autonomously. [...] the very early development of writing in Mesopotamia had no connection whatsoever with the idea of representing speech. Rather, proto-forms of writing were used for counting, more specifically for the bookkeeping of goods and production surplus".

Cap. 1. Simbolização, formalização e matematização   45

fazendo usos de especificidades para além da linguagem falada. É necessário compreender que, ao tornar a linguagem escrita uma representação perfeita do discurso, isso implicaria que os estudiosos da linguagem só precisariam estudar uma dessas dimensões, tendo em vista que a outra já seria dada.[18] De maneira sucinta, Dutilh Novaes distingue a escrita e fala:

> Antes de tudo, a fala obviamente se refere ao som e à audição, enquanto a escrita se refere à visão; da mesma forma, podemos dizer que a fala pertence essencialmente ao tempo (unidimensional), enquanto a escrita se refere essencialmente ao espaço (bidimensional). De maneira semelhante, a fala é tipicamente efêmera (exceto se a gravação ocorrer), enquanto a escrita implica uma forma de permanência. Além disso, as interações da fala normalmente dependem de uma ampla gama de elementos contextuais para que a significância surja – em particular (mas não exclusivamente) os gestos corporais dos falantes –, enquanto a escrita geralmente precisa ser "mais explícita" e independente, dada a presença de menos elementos contextuais. De fato, o discurso típico (embora nem sempre) diz respeito a uma situação multiagente de interação, enquanto a escrita não pressupõe um interlocutor presente em tempo real.[19]

---

[18] *Idem*, p. 44.

[19] *Idem*, p. 45: "First of all, speech obviously pertains to sound and hearing while writing pertains to vision; by the same token, we may want to say that speech essentially pertains to (one-dimensional) time while writing essentially pertains to (two-dimensional) space. Relatedly, speech is typically ephemeral (except if recording takes place) while writing entails a form of permanence. Moreover, speech interactions typically rely on a wide range of contextual elements for meaning-

A estudiosa afirma não ser incomum encontrarmos em textos de lógica o termo "linguagem artificial" para se referir à linguagem formal de maneira dicotômica à linguagem natural. Contudo, essa interpretação acarreta alguns impasses, entre eles: a interpretação da dicotomia em questão, não muito explícita, em graus de distinção entre as duas linguagens e a negligência em analisar a linguagem nos aspectos natural e artificial desconsiderando outras relações, como natural *vs.* criada, natural *vs.* cultural e inata *vs.* adquirida.[20]

Um dos critérios de análise da distinção entre a linguagem natural e a artificial, de acordo com Dutilh Novaes, é o tempo que estas se desenvolvem, uma vez que a linguagem natural demanda um tempo muito maior de desenvolvimento e um grande número de adeptos (falantes ou usuários de um idioma), enquanto a linguagem artificial é fruto de uma deliberação de um indivíduo em um pequeno espaço de tempo.

Contudo, essa forma de compreender as linguagens desconsidera que sejam as linguagens artificiais frutos de desenvolvimentos anteriores a elas[21] (serão apresentadas, no decorrer deste livro, algumas dessas influências ante-

---

fulness to arise – in particular (but not exclusively) the bodily gestures of the speakers – whereas writing often has to be 'more explicit' and self-contained given the presence of fewer contextual elements. Indeed, typically (though not always) speech concerns a multiagent situation of interaction while writing does not presuppose a real-time, present interlocutor".

[20] *Idem*, p. 46.

[21] *Idem, ibidem.*

Cap. 1. Simbolização, formalização e matematização   47

riores para o desenvolvimento da linguagem hoje utilizada em lógica).

Outras considerações que podem ser feitas nessa distinção é a gama de aplicações dessas linguagens, de modo que seja a linguagem natural utilizada no cotidiano dos indivíduos e a artificial voltada para aplicação em meios científicos, *i.e.*, nota-se que campos como sociologia e biologia se utilizam da linguagem natural exceto em determinados sistemas técnicos. Logo, pode-se concluir que a distinção entre essas duas linguagens, na melhor das hipóteses, ocorre em graus. Sendo assim, é possível utilizar-se dessa diferenciação em graus para debater e compreender a dicotomia entre linguagens e formalismos[22] que também pretendia abarcar a escrita do dia a dia. "Portanto, devemos procurar bases teóricas alternativas para conceituar as diferenças entre linguagens formais e formalismos e outras linguagens humanas."[23]

No entendimento de Dutilh Novaes, faz-se necessário compreender, também, a linguagem em outros dois aspectos: como *prática* e como *objeto*. Na perspectiva *prática*, analisamos a linguagem (de certa forma, transformando-a também em objeto) em relação às ações práticas em determinados contextos. No que se refere ao ponto de vista da linguagem enquanto *objeto*, trata-se da compreensão da linguagem como um conjunto de formas que representam

---

[22]*Idem*, pp. 47-48.

[23]*Idem*, p. 50: "Thus, we must look for alternative theoretical grounds in order to conceptualize the differences between formal languages and formalisms and other human languages".

o mundo e tais conjuntos são analisados como objeto de estudo.[24]

Tendo como fio condutor o estudo sobre linguagens formais e formalismo, a perspectiva adotada para esta reflexão é a linguagem no aspecto da prática. O motivo para essa escolha é que essa perspectiva visa mais que a objetos matemáticos, que estão constantemente presentes nas práticas dos lógicos, possibilitando investigações metateóricas, bem como em trabalhos extensos de teóricos do formalismo.[25]

1.3 Linguagens formais

Utilizando-se das quatro características fundamentais das linguagens abordadas anteriormente (*fala*, *semântica*, *sintaxe* e *função comunicativa*), a partir de Dutilh Novaes, faremos uma análise sobre a linguagem formal. No que se refere à *fala*, as linguagens formais não possuem uma contraparte falada e, quando assim a expressa, produz-se alguma distorção, pois é essencialmente uma linguagem escrita. Ressaltamos que tomar linguagens formais como essencialmente escritas não exclui as que possuem alguma linguagem diagramática.[26]

Com relação à *semântica*, a linguagem formal requer um "ato de interpretação", *i.e.*, interpretar para ligar um significado a ela. Na maior parte das vezes, essa interpretação é feita com base nas estruturas matemáticas. Sendo assim,

---

[24]*Idem*, p. 51.
[25]*Idem*, pp. 51-52.
[26]*Idem*, p. 53.

Cap. 1. Simbolização, formalização e matematização 49

pode-se compreender o significado das linguagens formais a partir de seu uso. Do ponto de vista da *sintaxe*, por sua vez, esse tipo de linguagem ganha destaque, pois suas expressões são oriundas de regras de formação bem determinadas de suas fórmulas.[27]

A *função comunicativa* também se constata na linguagem formal, pois há a utilização de determinados símbolos lógicos de forma ampla pela comunidade científica com o objetivo de comunicar suas pesquisas, *e.g.*, o símbolo "→". Ressalta-se que, apesar de sua função comunicativa, esse tipo de linguagem não tem como objetivo fundamental a comunicação, em substituição da linguagem falada; cabe à linguagem formal, como a utilizada pelos lógicos, uma função mais operativa.[28]

Sobre o tema, Dutilh Novaes, após introduzir a análise das características da linguagem formal, destaca a relevância de se entender em qual(is) sentido(s) as linguagens formais são *formais*.

> O conceito de uma linguagem formal de pleno direito é um conceito matematicamente bem definido, com limites precisos. Uma estrutura é uma linguagem formal se definida por uma coleção finita de símbolos e regras de formação que determinam exatamente o que deve ser considerado como uma combinação permissível de símbolos.[29]

---

[27]*Idem*, pp. 53-54.

[28]*Idem*, pp. 55-56.

[29]*Idem*, p. 58: "the concept of a fully fledged formal language is a mathematically well-defined concept with precise borders. A structure is a formal language iff it is defined by a finite collection of symbols and rules of formation which determine exactly what is to count as a permissible combination of symbols".

50 Projetos de matematização da lógica

Os lógicos, explica a pesquisadora, ao utilizarem um conjunto de símbolos e notações, fazem uso de uma linguagem semiformal, tendo em vista que não há uma análise exaustiva da formação desses símbolos. Contudo, quando há uma definição de fórmulas bem formadas por meio da linguagem, pode-se especificar as regras de transformação de uma fórmula para outra. Tais regras, associadas a seus axiomas, são formuladas nesse tipo de linguagem. Podemos dizer, então, que há um sistema formal, tendo a linguagem como base.[30]

A manipulação de símbolos sem nenhuma significação, explica Dutilh Novaes, não é suficiente para a construção de uma linguagem formal. Faz-se necessário, como abordado acima, que existam regras explícitas e exaustivas sobre a manipulação desses símbolos. De acordo com Dutilh Novaes, essa manipulação é como uma escrita operativa, ela pode ser um exemplo do processo de *dessemantificação*, tendo em vista a manipulação de sinais sem interpretação. No que se refere ao formal como *computável* aplicado a esse sistema utilizado pelos lógicos, ele preserva as características de ser computável, *i.e.*, a característica lexical com combinação de fórmulas de maneira a gerar outras fórmulas com base na sintaxe e a característica de desenvolver suas regras de transformação.[31]

A título de síntese, Dutilh Novaes enumera os seguintes pontos acerca da caracterização da linguagem formal:

---

[30] *Idem, ibidem.*
[31] *Idem*, pp. 59-60.

Cap. 1. Simbolização, formalização e matematização   51

as características mais importantes de uma linguagem formal, de acordo com a conceitualização apresentada, são
estas: linguagens escritas; sua dimensão semântica não
é representacional, mas antes o uso é baseado dentro do
agente; sua função é predominantemente operacional e
não expressiva; são formais na medida em que são o produto de um processo de dessemantificação e exibem as
principais propriedades computacionais (que por sua vez
dependem crucialmente de seu *status* como artefatos cog-
nitivos externos).[32]

1.4 A história da linguagem formal como cálculo

O processo de desenvolvimento das linguagens formais
não foi imediato. Segundo Dutilh Novaes, podemos veri-
ficar traços de uma linguagem notacional, que seria base
para uma linguagem formal, desde a Grécia Antiga, com
os esquemas de letras para representar sujeito, predicado e,
na lógica medieval, representar a qualidade e quantidade
das proposições. Destacamos que se confere a esse tipo de
notação o marco da transição de contextos orais para o escrito, cujas *letras esquemáticas* eram objetos de análise lógica

---

[32]*Idem*, p. 65: "the most important features of a formal language
according to the conceptualization just presented are: they are written
languages; their semantic dimension is not representational but rather
usage based within-agent; their function is predominantly operative
rather than expressive; they are formal in that they are the product of a
process of de-semantification and in that they display key computational
properties (which in turn hinge crucially on their status as external
cognitive artefacts)".

por excelência no que se refere ao conhecimento e raciocínio por meio dos silogismos.[33] É o caso da teoria dedutiva inaugurada por Aristóteles nos *Primeiros analíticos*.

> O uso sistemático de letras esquemáticas é, desde o início, algo que reconhecemos facilmente como um "componente formal" em uma linguagem e, desse ponto de vista, até a linguagem categórica original da silogística pode ser vista como linguagem "formal" (embora extremamente simples).[34]

Tal uso de letras esquemáticas pode ser visto ao apresentar as quatro figuras silogísticas de Aristóteles como apresentado na Tabela 1.1.

Primeira figura	Segunda figura
M - P	P - M
S - M	S - M
S - P	S - P
Terceira figura	Quarta figura
M - P	P - M
M - S	M - S
S - P	S - P

Tabela 1.1: As quatro figuras do silogismo categórico.

É válido mencionar que, de acordo com Dutilh Novaes, o uso de letras esquemáticas é distinto das *variáveis* utilizadas na matemática, pois as variáveis representam um elemento

---

[33]*Idem*, pp. 68-70.

[34]*Idem*, p. 71: "the systematic use of schematic letters is from the start something we easily recognize as a 'formal component' in a language, and from this point of view even the original categorical language of syllogistic can be viewed as a 'formal' (albeit extremely simple) language".

Cap. 1. Simbolização, formalização e matematização 53

desconhecido, enquanto a letra esquemática indica uma generalidade, *i.e.*, um intervalo de possibilidades.[35]

O uso de esquemas não ficou restrito apenas à silogística, os lógicos estoicos usavam numerais, de forma sistemática, para formular padrões de raciocínios com ênfase nas proposições, *e.g.*, as regras de *Modus Ponens* e *Modus Tollens*, que fazem parte dos cinco indemonstráveis de Crisipo:

- Se o primeiro e o segundo, ora o primeiro, logo o segundo.

- Se o primeiro e o segundo, ora não o segundo, logo não o primeiro.

- Não ao mesmo tempo o primeiro e o segundo, ora o primeiro, logo não o segundo.

- Ou o primeiro ou o segundo, ora o primeiro, logo não o segundo.

- Ou o primeiro ou o segundo, ora não o segundo, portanto o primeiro.[36]

Ressaltamos também que, por muito tempo, o uso de esquemas ficou associado com a ideia de formal, formando a *concepção esquemática formal*.[37] Com o decorrer da história, foi relevante a contribuição de Raimundo Lúlio (1232-1315), missionário catalão, que se dedicou ao projeto de apresentar a *Ars magna*, uma forma de simbolização e mecanização

---

[35]*Idem, ibidem*. Há outros diversos autores que defendem que Aristóteles empregou variáveis genuínas em sua apresentação da teoria dos silogismos; *vide* Bochenski, 1970, pp. 11-13.

[36]Blanché, 1996, p. 118.

[37]Dutilh Novaes, 2012, p. 72.

54   Projetos de matematização da lógica

do conhecimento por meio de categorias (distintas das de Aristóteles) e de seu sistema combinatório.[38]

Séculos mais tarde, na matemática, houve um avanço de notação voltada para a álgebra, que pode ser considerada um dos elementos principais para uma proto-história das linguagens formais. Esse desenvolvimento é descrito em três estágios: *álgebra retórica*, representada por palavras completas, *álgebra sincopada*, usando abreviações ou sinais padronizados, e *álgebra simbólica*, na qual as operações eram feitas diretamente em nível simbólico.[39] O desenvolvimento de uma álgebra moderna, juntamente com sua notação, surge da tradição subcientífica das escolas abacistas, e não da tradição sólida ensinada nas universidades medievais. Também René Descartes (1596-1650) contribuiu com a convenção do uso das primeiras letras do alfabeto, para denotar quantidades conhecidas, e do uso das últimas letras, para denotar quantidades desconhecidas, e essa notação é utilizada até os dias atuais.[40]

De acordo com Dutilh Novaes, no século XVI, a ideia de partes escritas no cálculo foram consideradas uma ferramenta poderosa e totalmente estabelecida juntamente com os algoritmos e equações simbólicas bem definidas (regras de transformação), enquanto, na lógica, o uso de letras es-

---

[38] *Idem*, p. 68.

[39] *Idem*, p. 73. A autora utiliza o artigo de Jens Høyrup, "Pre-modern algebra: a concise survey of that which was shaped into the technique and discipline we know" (2006), para fundamentar esses estágios da álgebra de acordo também com Georg H. F. Nesselmann.

[40] *Idem*, p. 76.

Cap. 1. Simbolização, formalização e matematização   55

quemáticas continua como a principal ferramenta.[41] Apesar das relações no uso de algumas ferramentas lógicas na matemática, há distinções entre essas áreas. De forma sucinta, no que se refere à distinção entre um argumento e um cálculo, "um argumento, uma prova ou demonstração é um *discurso*; um cálculo é um *procedimento*".[42]

Assim conclui a estudiosa:

> A ideia geral de uma "algebrização" da lógica no século XVII está mais facilmente associada a Leibniz, mas, como argumentado por Mugnai (2010), era uma tendência geral seguida por várias pessoas, geralmente independentes umas das outras. Os principais fatores por detrás desse desenvolvimento parecem ter sido o surpreendente progresso na álgebra de Viète e Descartes, e a ideia hobbesiana, que de fato pode ser rastreada até o influente Raimundo Lúlio, de que o pensar em geral equivale a realizar cálculos.[43]

Nos trabalhos desenvolvidos por Gottfried Leibniz, o autor apresenta uma distinção entre *calculus ratiocinator* e *lingua rationalis*. Segundo os estudos de Dutilh Novaes, ao

---

[41]*Idem*, p. 77.

[42]*Idem*, p. 78: "an argument, proof, or demonstration is a discourse; a calculation is a procedure".

[43]*Idem*, p. 79: "The general idea of an 'algebraization' of logic in the seventeenth century is most readily associated with Leibniz, but, as argued by Mugnai (2010), it was a general trend pursued by several people, often independently of each other. The main factors behind this development appear to have been the astonishing progress in algebra with Viète and Descartes,and the Hobbesian idea, which in fact can be traced back to the influential Ramon Lull, that thinking in general amounts to performing calculations". A autora utiliza o artigo "Logic and mathematics in the seventeenth century" (2010) de Massimo Mugnai para fundamentar sua perspectiva.

56 Projetos de matematização da lógica

utilizar a *characteristica universalis*, Leibniz define uma coleção de símbolos que representam os pensamentos simples ou primitivos, podendo ser feito um paralelo na modernidade com o que se entende por sintaxe. O *calculus ratiocinator*, por sua vez, refere-se aos procedimentos de cálculo que serão empregados de maneira mecânica. Na perspectiva moderna, pode ser entendido como as regras de transformação ou de inferência. Assim, ao trabalhar conjuntamente com a *characteristica universalis* e o *calculus ratiocinator*, ter-se-ia a *lingua rationalis*, com a qual o conhecimento poderia ser alcançado.[44]

Com o decorrer da história, outro marco no desenvolvimento de linguagens formais foram os trabalhos de George Boole (1815-1864). Dentre seus trabalhos, pode-se destacar que o autor desenvolve um sistema em que as proposições categoriais tradicionais são expressas por equações, aplicando sobre elas técnicas algébricas. Assim, mesmo não sendo uma linguagem formal completa, o sistema booleano apresenta um sistema simbólico, com regras estritas e de transformação aplicadas à lógica.[45] A realização de Boole na direção da matematização da lógica é um grande feito.

Mesmo com os avanços introduzidos por Boole, Dutilh Novaes, seguindo outros autores, considera o nascimento da lógica moderna apenas a partir da *Conceitografia*, de Gottlob Frege (1848-1925), por trazer um sistema com uma linguagem formal completa, um sistema simbólico

---

[44]*Idem*, pp. 80-81.
[45]*Idem*, pp. 82-83.

Cap. 1. Simbolização, formalização e matematização   57

e uma abordagem notacional bidimensional (não linear). Nota-se que Frege foi inspirado pelo projeto lebniziano (citado anteriormente) e ressalta-se que, apesar de seu formalismo e impacto na noção de sistema formal, o sistema de Frege não foi adotado, recebendo severas críticas de seus pares, como de Ernst Schröder.[46]

O sistema de Frege influencia, posteriormente, o *Principia mathematica*, de Whitehead e Russell, de forma indireta. Os autores adotam sua inovação em relação aos símbolos, contudo deixam a estrutura bidimensional para utilizar a estrutura linear mais desenvolvida por Giuseppe Peano (1858-1932). Nota-se, nessa obra, um rigor sobre as regras de inferências (regras de transformação) de mesma intensidade que para a formulação de axiomas. Nesse cenário, lógicos e matemáticos tomam ciência de que seus objetivos não poderiam ser simplesmente um dado material adquirido, pois, como explica Dutilh Novaes,[47]

> de fato, nas primeiras décadas do século XX, lógicos e matemáticos tornaram-se cada vez mais cientes do fato de que metapropriedades desejáveis, como integridade (em sentidos diferentes), não poderiam ser simplesmente um dado adquirido; elas não necessariamente se seguiriam de uma axiomatização bem arranjada.[48]

---

[46]*Idem*, pp. 84-85.

[47]*Idem*, p. 85.

[48]*Idem*, p. 86: "Indeed, in the first decades of the twentieth century, logicians and mathematicians became increasingly aware of the fact that desirable meta-properties such as completeness (in different senses) could not simply be taken for granted; they would not necessarily follow from a well-crafted axiomatization".

58   Projetos de matematização da lógica

Com a adoção gradual do rigor sobre as regras de inferência no século XX, outro aspecto sobre linguagens formais começa a se desenvolver: a ideia de que um sistema simbólico pode ser *não interpretado* ou *reinterpretado*. Nesse estudo, destacam-se as contribuições de David Hilbert (1862-1943) e sua escola, que, nas primeiras décadas do século XX, apresentam uma nova abordagem aos fundamentos da matemática de forma completamente axiomática, em que as questões metateóricas seriam abordadas segundo um matemático. Com essa abordagem, contudo, as axiomatizações (incluindo a linguagem a elas subjacente) não eram mais sobre objetos matemáticos, a própria axiomatização tornou-se um objeto matemático.[49]

Após os trabalhos de Hilbert e as contribuições para a virada metateórica, como os teoremas de incompletude de Kurt Gödel (1906-1978), as linguagens formais não eram mais aquelas que poderiam provar um teorema, mas sim qual delas poderia provar tais teoremas;[50] sendo assim, "o sistema lógico não é para pensar como, mas, em vez disso, pensar sobre".[51]

Desse modo, apesar das constantes mudanças que ocorreram no desenvolvimento das linguagens formais, no entendimento de Dutilh Novaes, muitos desses teóricos apresentados (que serão aprofundados nas próximas seções) dedicaram-se a justificar o uso de sua linguagem for-

---

[49] *Idem*, p. 87.

[50] *Idem, ibidem*.

[51] *Idem, ibidem*: "logical systems are not to reason with, but rather to reason about".

Cap. 1. Simbolização, formalização e matematização   59

mal relativamente a três funções principais: *expressividade, representação* e *cálculo*.

No que se refere à *expressividade*, as linguagens formais têm como foco sanar os problemas da inadequação da linguagem natural por falta de precisão e pelas ambiguidades encontradas nessa linguagem. Essa ideia do por que usar a linguagem formal pode ser encontrada no Prefácio da *Conceitografia*, de Frege, permitindo que o puramente lógico seja separado do não lógico (intuitivo) nas provas matemáticas.[52]

> Tentei reduzir o conceito de sucessão em uma sequência (*Anordnung in einer Reihe*) à noção de consequência lógica (*logische Folge*) para daí poder estabelecer o conceito de número. Para evitar que nessa tentativa se intrometesse inadvertidamente algo de intuitivo (*Anschauliches*), cabia tudo reduzir a uma cadeia inferencial (*Schlusskette*), carente de qualquer lacuna. Mas ao tentar realizar essa exigência da forma a mais rigorosa possível, deparei-me com o obstáculo da insuficiência da linguagem [corrente]: além de todas as dificuldades inerentes ao manuseio das expressões, à medida que as relações se tornavam mais complexas, tanto menos apto me encontrava para atingir a exatidão exigida. Tal dificuldade levou-me a conceber a presente conceitografia.[53]

Essa motivação de Frege sintetiza as aspirações de diversas gerações de matemáticos, lógicos e filósofos, como veremos.

---

[52]*Idem*, p. 89.
[53]Frege, 2018, pp. 17-18.

60 Projetos de matematização da lógica

Acerca da *representação*, nota-se que os teóricos tinham como projeto que a linguagem formal deveria representar de forma icônica tudo o que ela representava. Leibniz, ao pensar a representação por símbolos, sugere que estes devem ter ou têm um componente histórico, proposital e com limitações. Para citar outro exemplo, recorremos aos trabalhos de Charles S. Peirce (1839-1914), que abordam a representação por meio de ícones e diagramas introduzindo seus Grafos Existenciais; estes podem ser considerados formais pela definição precisa das regras de formação e transformação, diferenciando-se apenas pelo uso de uma escrita bidimensional.[54]

> [O] objetivo do Sistema de Grafos Existenciais, conforme indicado no Prolegômenos [533], [é] fornecer um método (1) o mais simples possível (ou seja, com o menor número possível de convenções arbitrárias), para representar proposições (2) tanto iconicamente ou diagramaticamente e (3) como analiticamente possível.[55]

Sobre a ideia de *cálculo*, lembramos que ela estar presente não é suficiente para definição de uma linguagem formal. Sobre o assunto, Leibniz é um dos autores com grande destaque, pois desenvolve sua teoria da *characteristica universalis* de modo bem formalizado, apresentando os benefícios

---

[54]Dutilh Novaes, 2012, pp. 91-93.

[55]Peirce, 1931, § 4.561 Fn P1: "[The] purpose of the System of Existential Graphs, as it is stated in the Prolegomena [533], [is] to afford a method (1) as simple as possible (that is to say, with as small a number of arbitrary conventions as possible), for representing propositions (2) as iconically, or diagrammatically and (3) as analytically as possible".

Cap. 1. Simbolização, formalização e matematização   61

oriundos do cálculo. Não nos esqueçamos de seu jargão: *"Calculemus!"*.

De maneira distinta, Boole tem uma motivação mais expressiva para o uso do simbolismo lógico; segundo Dutilh Novaes, o autor adota uma abordagem kantiana da lógica como pertencente às leis do pensamento. Sendo assim, as operações algébricas possuem muitas semelhanças com as operações da mente.[56]

A função do cálculo em lógica poderia estar vinculada com a busca da perspicácia. Porém, tal função pode ser um obstáculo para o cálculo devido a sua necessidade de utilização de uma maior quantidade de símbolos, gerando um formalismo mais pesado. Por dificultarem o cálculo, deve-se, sempre que possível, não permitir que as "intuições" externas influenciem o processo de formalismo em alguns contextos. De fato, para alguns problemas específicos, o formalismo deve se basear em um grau de justificação epistêmica para sua adequação; contudo, quando alcançado certo grau satisfatório de certeza epistêmica, não é necessário lembrar sempre o porquê de determinado formalismo.[57]

Pelas reflexões discutidas neste capítulo, tendo como fundamento o debate apresentado por Dutilh Novaes, nota-se que tanto o conceito de linguagem quanto o de formal ou formalismo passaram por diversas mudanças conceituais e práticas em seus distintos campos, mas também na formação de linguagens formais utilizada em diversas

---

[56]Dutilh Novaes, 2012, pp. 94-95.
[57]*Idem*, p. 95.

áreas, dando-se ênfase, neste trabalho, à construção de uma linguagem formal como ferramenta para a lógica, tendo em vista os aspectos: fala, semântica, sintaxe e função comunicativa das linguagens vinculadas às funções expressiva, representativa e calculativa do formalismo.

Nas seções que se seguem, apresentamos, de maneira mais ampla, as contribuições de alguns lógicos (já introduzidos nesta seção) para o desenvolvimento (direto ou indireto) de projetos de matematização e formalização da lógica e de aplicações de uma linguagem formal na lógica, tendo como base algumas influências advindas da matemática.

Capítulo 2

Alguns precursores da matematização do pensamento

Por matematização do pensamento, entende-se o lento processo que leva à formalização efetiva em lógica, tendo como objetivo empregar estruturas linguísticas e notacionais de cunho matemático, *e.g.*, o uso de variáveis, à análise de combinações e utilização de axiomas para exprimir uma inferência; operações com termos que, posteriormente, seriam vinculadas à lógica se tornariam seu principal meio de expressão. Entre os pensadores que trabalharam nesse projeto de matematização do pensamento e da lógica, destacamos e analisamos os aspectos mais importantes das propostas de Raimundo Lúlio (1232-1315), Sebastián Izquierdo (1601-1681), Thomas Hobbes (1588-1679) e Gottfried Wilhelm Leibniz (1646-1716).

64 Projetos de matematização da lógica

2.1 A *Ars magna* de Raimundo Lúlio

Os trabalhos de Raimundo Lúlio (1232-1315), filósofo e missionário catalão, são de grande importância para a compreensão do projeto de matematização da lógica como hoje o entendemos. Suas obras partem de um intenso estudo sobre a língua árabe e a teologia cristã para, posteriormente, desenvolver seus estudos fundamentando o cristianismo na razão, como ocorre na obra *O livro da contemplação* (1274), em que a Santíssima Trindade e o mistério da encarnação podem ser demonstrados por argumentos e com a utilização de letras (variáveis), que são empregadas para substituir palavras ou sentenças, a fim de condensar um argumento de forma similar às formas algébricas.[1]

Foi durante um retiro espiritual no monte Randa (na região de Maiorca, atual Espanha) que Lúlio, segundo seu próprio relato, experienciou uma iluminação divina que lhe revelara a "Grande arte" para o estabelecimento, com certeza, dos dogmas[2] da fé por três meios: primeiro, pelo trabalho missionário; segundo, pela escrita do livro contra

---

[1]Gardner, 1958, pp. 3-5.

[2]"Dogma", termo de origem grega, segundo o dicionário *Michaelis*, que significa "o que se pensa é verdade"; no âmbito da fé, entende-se como enunciado indiscutível da fé. Ferrater Mora, 2000, tomo I, p. 762, explica que, "em termos religiosos, os dogmas são geralmente considerados verdades. Porém, um dogma poderia ser falso, caso em que se trata, como escreve Santo Tomás, de um *dogma perversum*. Filosoficamente, em contrapartida, o vocábulo 'dogma' – dogma – significou primitivamente 'opinião'. Tratava-se de uma opinião filosófica, isto é, de algo que se referia aos princípios. Por esse motivo, o termo 'dogmático' – dogmatiko/s – significou 'relativo a uma doutrina' ou 'fundado em princípios'".

Cap. 2. Alguns precursores da matematização...   65

os erros dos incrédulos; e, terceiro, recorrer às monarquias e ao papado para instauração de mosteiros linguísticos.[3] Após essa experiência, Lúlio retornou ao mosteiro e completou a sua obra *Ars magna*, considerada a mais antiga no emprego de diagramas geométricos para resolução de problemas que não pertenciam à matemática, assim como a primeira que fundamenta um dispositivo mecânico que permite auxiliar em operações de um sistema ou cálculo lógico.[4] Damos relevância ao fato de que, após uma longa peregrinação para encontrar escolas ou monastérios que permitissem que ele ensinasse a "Grande arte" e seus estudos em línguas orientais, Lúlio obteve do papa João XXI (1215-1277) um aval para fundar o Mosteiro de Miramar, que, em 1276, abrigou 13 frades franciscanos dedicados ao estudo da obra. Contudo, devido à sua complexidade, Lúlio começou a simplificá-la até obter, em 1308, sua versão final.[5] Lúlio ensinou várias vezes na Universidade de Paris, uma grande honra, pois não possuía graus acadêmicos, participando também do Concílio de Vienne.[6]

De sua produção filosófica extensa, destacam-se os tratados nos quais ele aplica a "Grande arte" em assuntos que estavam em destaque entre seus contemporâneos, como astronomia, física, retórica, matemática, política, entre outros. Apesar de sua versatilidade e abrangência de conteúdos,

---

[3]Bonner, 2007, p. 1.

[4]Gardner, 1958, p. 1.

[5]Wyllie, Introdução em Lúlio, 2014, p. 11.

[6]Esse concílio ecumênico ocorreu em 1311-1312, no pontificado do papa Clemente V, em Vienne, no Sul da França.

66 Projetos de matematização da lógica

seus textos foram relegados a um segundo plano por certos pensadores da época justamente pela falta de familiaridade com o método lógico empregado, como explica Bonner:

> Lúlio [...] estava ciente dos problemas causados pela natureza incomum, ou se pode até dizer estranheza, de sua apresentação e linguagem, mas ele sempre insistia que era essencial para uma explicação adequada e compreensão de sua mensagem, em que forma e objetivo eram inseparáveis.[7]

Contudo, a influência de Lúlio foi grande. Posteriormente, podemos identificar traços de suas ideias e referências à obra de Lúlio em Giordano Bruno e no jovem Leibniz, que, em sua *Dissertatio de arte combinatoria* (1666), encontra em Lúlio um princípio e uma intuição para uma álgebra universal do conhecimento moral, da doutrina sagrada e da metafísica de forma dedutiva.

O método de Lúlio parte do fundamento de que todo conhecimento se origina de um pequeno número de princípios (ou categorias), os quais devem ser assumidos como verdadeiros.[8] Após ter suas combinações possíveis esgotadas, o que permitiria explorar o conhecimento que pode ser aprendido pela mente humana, as questões podem ser analisadas a partir de três métodos: em forma de duas colunas verticais e suas conexões (Método 1); os argumentos

---

[7]Bonner, 2007, p. 12: "Llull [...] was acutely aware of the problems caused by the unusual nature, or one could even say oddity, of his presentation and language, but he would always insist that it was essential for a proper explanation and understanding of his message, one in which form and goal were inseparable".

[8]Gardner, 1958, pp. 1-27.

Cap. 2. Alguns precursores da matematização... 67

postos em uma circunferência cuja leitura circular permite permutações de dois termos (Método 2); e, estendendo o método anterior, colocar dois ou mais conjuntos de círculos concêntricos (Método 3).

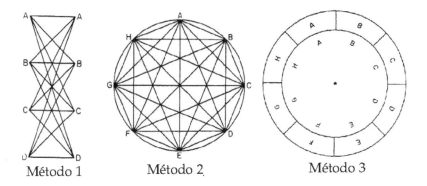

Figura 2.1: Métodos de Lúlio (adaptada de Gardner, 1958).

Dentre os três métodos citados, Lúlio foca seus esforços no terceiro, no qual, ao girar-se o círculo interno, é gerada uma tabela de combinações, tornando-o mais eficiente caso existam mais conjuntos de dados ou categorias a serem analisados. Para facilitar a compreensão e a análise, esses círculos foram feitos em pergaminho ou metal, o que permitia seu movimento, de modo que cada subdivisão de termos era colorida para fins de diferenciação.

Utilizando esse método combinatório, Lúlio elaborou sete "figuras" de raciocínio. A primeira é denominada A, representando *Deus* (posto no centro), e, ao seu redor, há 16 *câmaras*; em cada letra de B a R, são representados atributos divinos. Ao analisar suas conexões, são obtidas 240 combinações que permitem relacionar e deduzir verdades adicionais acerca de Deus, sendo elas: Bondade (B), Grandeza (C), Eternidade (D), Poder (E), Sabedoria (F), Vontade ou Amor (G), Virtude (H), Verdade (I), Glória (K), Perfeição (L), Justiça (M), Generosidade (N), Simplicidade (O), Nobreza (P), Misericórdia (Q), Domínio (R) (Figura 2.2). Tais permutações podem ser assim agrupadas em conjuntos de pares ordenados, sem repetições, de uma letra para a outra:

$$B = \{BC, BD, BE, BF, BG, BH, BI, BK, BL, BM, BN, BO, BP, BQ, BR\};$$

$$C = \{CD, CE, CF, CG, CH, CI, CK, CL, CM, CN, CO, CP, CQ, CR\};$$

$$D = \{DE, DF, DG, DH, DI, DK, DL, DM, DN, DO, DP, DQ, DR\};$$

$$E = \{EF, EG, EH, EI, EK, EL, EM, EN, EO, EP, EQ, ER\};$$

$$F = \{FG, FH, FI, FK, FL, FM, FN, FO, FP, FQ, FR\};$$

$$G = \{GH, GI, GK, GL, GM, GN, GO, GP, GQ, GR\};$$

$$H = \{HI, HK, HL, HM, HN, HO, HP, HQ, HR\};$$

$$I = \{IK, IL, IM, IN, IO, IP, IQ, IR\};$$

$$K = \{KL, KM, KN, KO, KP, KQ, KR\};$$

$$L = \{LM, LN, LO, LP, LQ, LR\};$$

$$M = \{MN, MO, MP, MQ, MR\};$$

$$N = \{NO, NP, NQ, NR\};$$

$$O = \{OP, OQ, OR\};$$

$$P = \{PQ, PR\};$$

$$Q = \{QR\}.$$

Cap. 2. Alguns precursores da matematização...　　　　69

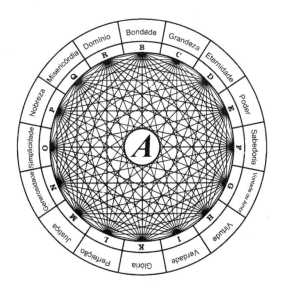

Figura 2.2: Primeira figura de Lúlio (adaptada de Bonner, 2007).

A segunda figura refere-se à *alma* representada pela letra S (Figura 2.3). Diferentemente da primeira, a Figura 2.3 possui quatro quadrados circunscritos para representar estados da alma: BCDE (memória, conhecer, amará, o ato de BCD) é a *alma normal*; FGHI (memória, conhecer, odiará o pecado, o ato de FGH) é a *vontade de odiar de maneira normal*; KLMN (memória, conhecer, amará ou odiará, o ato de KLM) e OPQR (o ato de BFK, o ato de CGL, o ato de DHM, combinação de OPQ) são os quadrados da *ambivalência*.

No círculo em que esses quadrados estão circunscritos, tem-se 16 letras, podendo ser girado em um compartimento contendo essas faculdades e obtendo 136 combinações.

Figura 2.3: Segunda figura de Lúlio (adaptada de Bonner, 2007).

A terceira figura T refere-se à relação entre as coisas e o explorar, o começo e fim de Deus e as relações com suas criaturas, formada por cinco triângulos equiláteros (Figura 2.4): o BCD abrange Deus, criatura e operação; o EFG abrange diferença, concordância e contrariedade; o HIK abrange começo, meio e fim; o LMN abrange maioria, igualdade e minoria; o OPQ abrange afirmação, dúvida e negação.

Assim como na figura anterior, os vértices dos triângulos geram uma circunferência com 15 letras, que, quando rotacionadas dentro de um anel com as mesmas ideias básicas, geram 120 combinações (excluindo os pares com o mesmo termo, *i.e.*, tais pares não formam pares ordenados).[9] Pos-

---

[9]Pela definição, na Teoria de Conjuntos de Zermelo-Frankel (*vide* Halmos, 1960), o *axioma do par* é dado por definição: Sejam A e B conjuntos quaisquer (que podem ser iguais). Então existe um con-

Cap. 2. Alguns precursores da matematização... 71

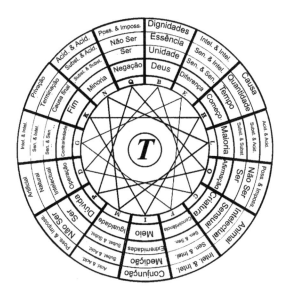

Figura 2.4: Terceira figura de Lúlio (adaptada de Bonner, 2007).

teriormente, foram acrescentados mais cinco triângulos nos quais os vértices representavam o antes, o depois, o inferior, o superior, o particular, o universal, entre outras categorias, postas em um anel que gera 120 combinações e, dessa forma, a combinação desses círculos gera 465 combinações diferentes possíveis.

A quarta figura, denominada V, aborda os setes pecados capitais e sete virtudes, e as relações entre si organizadas de maneira alternada em dois círculos: o BCDEFGH, virtuoso, e o IKLMNOP, pecaminoso (Figura 2.5).

---

junto C, tal que $A \in C$ e $B \in C$ e somente eles, i.e., $(\exists y)(\forall x)(x \in y \leftrightarrow ((x = a) \lor (y = b)))$. Dessa forma, abre-se o caminho para a definição de par ordenado, objetos cuja ocorrência tenha relevância e que assim são definidos: $\langle a, b \rangle \equiv_{df} \{\{a\}, \{a, b\}\}$.

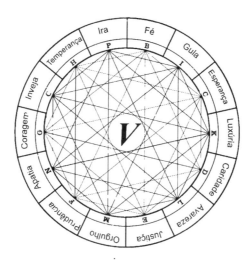

Figura 2.5: Quarta figura de Lúlio (adaptada de Bonner, 2007).

A quinta figura, denominada X (Figura 2.6), emprega *termos opostos*, como ser e privação. A sexta (Y) e a sétima (Z) são círculos indivisíveis que representam verdade e falsidade, respectivamente, o que possibilitava raciocinar sobre combinações de termos de forma mais assertiva.

Lúlio dedicou-se a tornar seu método compreensível em seus tratados (abrangentes ou breves), destacando que, apesar das distinções entre as figuras, a técnica baseia-se em encontrar elementos básicos e combiná-los mecanicamente entre si e com elementos de outras figuras. Com o passar do tempo, o método foi aperfeiçoado até culminar em um dispositivo de metal colorido chamado *figura universalis*, possuindo 14 círculos concêntricos. Seus trabalhos possuem valor *facilitador, mnemônico, retórico, investigativo* e *inventivo*; quando assim dispostas, as combinações dos círculos exprimem o poder dedutivo e combinatório dessa ferramenta.

Cap. 2. Alguns precursores da matematização... 73

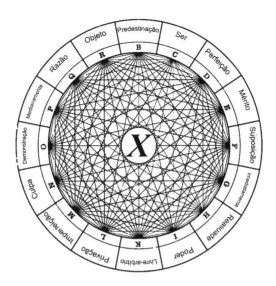

Figura 2.6: Quinta figura de Lúlio (adaptada de Bonner, 2007).

Lúlio nunca cogitou a ideia de que seu método substituiria o formalismo lógico de Aristóteles; ele pensava que seu método mecânico de combinações de termos facilitaria a descoberta dos princípios evidentes para estruturação do conhecimento, assim como os axiomas básicos da matemática.[10]

Outras diferenças entre os trabalhos de Aristóteles e os de Lúlio são, segundo Bonner, as seguintes:

> 1) É "inventivo", como a dialética aristotélica, mas aqui os mecanismos combinatórios são usados para "multiplicar" [...]. 2) É "demonstrativo", porque fornece os meios para chegar a conclusões necessárias. 3) É "compendioso", porque um conjunto limitado de princípios permite a "descoberta" de um número ilimitado e uma variedade de argumentos. 4) É "geral", como a metafísica e a pró-

---
[10]Gardner, 1958, p. 17.

pria dialética, porque é aplicável a qualquer assunto e seus princípios são de todas as classes de ser.[11]

Em sua obra *A nova lógica* (1303),[12] Lúlio divide a lógica em sete distinções: (1) Da árvore, (2) Os cinco predicáveis, (3) Dos predicamentos, (4) Das cem formas, (5) Do silogismo, (6) Da aplicação e (7) Sobre as questões. No que diz respeito à distinção do silogismo, o autor aborda a formalização deste tal como feita por Aristóteles, com suas três figuras e proposições categóricas: *"Todo A é B"*, *"Nenhum A é B"*, *"Algum A é B"* e *"Algum A não é B"*.

Além do aspecto filosófico-lógico-dedutivo, podemos utilizar o mecanismo de Lúlio para uma análise linguística de uma palavra em seus aspectos sintático, semântico e pragmático de forma variada, assim como se pode, de forma mecânica, ajudar na resolução de anagramas (*i.e.*, para a resolução de um críptex), codificações, combinações de cores, entre outros.[13] Uma aplicação moderna interessante é a codificação do círculo cromático (Figura 2.7).

Como mencionado anteriormente, o filósofo Giordano Bruno (1548-1600) dedicou muitos de seus trabalhos para compreender melhor o mecanismo de Lúlio, pois acreditava

---

[11]Bonner, 2007, p. 17: "1. It is 'inventive', like Aristotelian dialectic, but here combinatorial mechanisms are used to 'multiply' [...]. 2. It is 'demonstrative', because it provides the means to arrive at necessary conclusions. 3. It is 'compendious', because a limited, finite set of principles permit the 'finding' of an unlimited number and variety of arguments. 4. It is 'general', like metaphysics and dialectic itself, because it is applicable to any subject and its principles are of all classes of being".

[12]Lúlio, 2014.

[13]Kindersley, 2017, pp. 14-15.

Cap. 2. Alguns precursores da matematização... 75

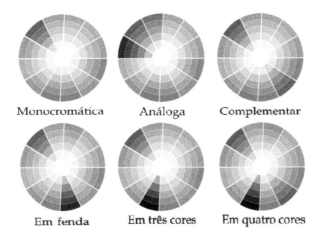

Figura 2.7: Círculo cromático.

que, apesar de bem formulado, fosse mal aplicado no que se refere às verdades da fé pela razão. Dessas mudanças resultou a obra *Sobre a arte de Lúlio e comentário*.[14]

Ocorre que, nos séculos XV e XVI, tem lugar a restauração do tomismo por Francisco de Vitória (1483-1546) e seu discípulo Melchior Cano (1509-1560), com princípios do progressivismo humanista, o que acarretou uma dissociação entre o pensamento científico e o da escolástica renovada do século XVI, que possuía ideais renascentistas. Tal dissociação gera uma grande crise no século XVI. É válido lembrar que a Reforma (século XVI) assim como a Contrarreforma (também no século XVI) influenciaram os modos de pensar e sistematizar as exposições de doutrina lógica desse período.[15]

---

[14]Gardner, 1958, p. 21.
[15]Muñoz Delgado, 1982, p. 279.

A Companhia de Jesus (ligada à Reforma Católica), fundada em 1534, teve grande importância na difusão da escolástica renovada, assim como na reelaboração do lulismo, corrente ancorada nos resultados analisados nesta seção e na matematização do pensamento tão em voga no século XVII. Nesse período, estavam ativas três abordagens às lógicas: a peripatética, a ramista e a luliana.[16]

De acordo com Muñoz Delgado, por *lógica peripatética* (greco-escolástica) entendem-se as lógicas que abarcam a tradição retórico-gramatical, assim como os elementos procedentes da tradição megárico-estoica. Os manuais, uma inovação editorial e didática dos séculos XVII e XVIII, são utilizados pelos cultores dessa lógica para elaborar sistemas lógicos de maneira mais independente que os célebres comentários aristotélicos. Em sua maioria, tais manuais eram divididos em três partes: (1) *súmula ou lógica menor*, (2) *logica praevia ou proemial* e (3) *lógica magna*.[17]

A *lógica menor* organizava a doutrina acerca dos estudos das três operações da razão: (1) a *simples apreensão*, (2) a *proposição* ou o *juízo* e (3) o *raciocínio* (o *silogismo*, as *consequências* e as *falácias*). Essa forma de divisão dos assuntos lógicos que eram escolásticos, foi popularizada na *Lógica de Port-Royal*, que utilizava apenas o arcabouço teórico das súmulas (o que não era abarcado da mesma forma que na lógica pré-renascentista, que era muito mais abrangente).[18]

---

[16]*Idem*, p. 280.
[17]*Idem*, p. 281.
[18]*Idem, ibidem.*

Cap. 2. Alguns precursores da matematização... 77

A *logica praevia* tinha como intuito explicar as *questões preliminares* sobre a natureza da lógica, *i.e.*, seu objeto, o ente de razão, a necessidade, a divisão, entre outros tópicos. Já a *lógica magna* abordava as distinções e polêmicas, *i.e.*, os universais, os predicados de Porfírio e tratados lógicos aristotélicos. Tal divisão foi utilizada como método de ensino em universidades, seminários, igrejas e colégios religiosos, representando a doutrina de uma determinada família ou instituição religiosa e, nesse contexto, surge outro gênero literário: as *teses*, que eram defendidas por alunos e professores.[19]

Analisando a segunda das três abordagens da lógica, tratamos da *lógica ramista*, desenvolvida por Pierre de la Ramée ou Petrus Ramus (nome utilizado nos países protestantes); a lógica ligada com a retórica, sendo um de seus representantes de maior influência Francisco Sánchez de las Brozas, conhecido como Brocense (1523-1600), que também publicou em *Port-Royal*.[20] Nos trabalhos de Brocense, nota-se a relação que a lógica tem com a retórica, influenciadora para a criação de argumentos retóricos, o que causou discussões sobre tal aproximação.[21]

Apesar do intenso debate sobre a lógica e a retórica, o método de Ramus mostra a noção central do pensamento europeu humanista, expresso em manuais que abordavam a

---

[19] *Idem*, pp. 281-286.

[20] *Port-Royal* é o apelido com que é conhecida a obra *La logique ou l'arte de penser* de Antoine Arnauld e Pierre Nicole; *vide* Arnauld & Nicole, 1992.

[21] Muñoz Delgado, 1982, pp. 286-287.

78   Projetos de matematização da lógica

relação dialético-retórica de maneira a codificar essa grande preocupação moderna. Na publicação de 1572, *Dialecticae libri duo*, a lógica ramista projeta-se como um método que parte de um conjunto de regras, *i.e., axiomas universais* (como vistos na geometria), para tornar compreensíveis questões complexas e assim ordenar o pensamento, servindo como um ideal enciclopédico.[22]

A *lógica luliana* (cujos fundamentos apresentamos nesta seção), voltada a constituir-se em ciência universal, influenciou diversos pensadores europeus, particularmente da Alemanha, mesclando aspectos de outras correntes como o caráter enciclopédico, a combinatória e matemática, a linguagem universal, a retórica, a alquimia, entre outros.[23]

> De todos os aspectos do lulismo no século XVII certamente, pelo menos para a lógica, o mais importante é o que está vinculado à *mathesis universalis* e à matematização da lógica, da combinatória, sendo um representante distinto e precursor de Leibniz o jesuíta Sebastián Izquierdo.[24]

Portanto, apesar dos entraves de seu tempo, Raimundo Lúlio produziu um extenso trabalho referente à lógica (mas não se restringiu a ela) em uma perspectiva mais matematizada, partindo de ideias como substituição de palavras por um símbolo simples (o que hoje se pode

---

[22]*Idem*, p. 287.

[23]*Idem*, p. 288.

[24]*Idem*, pp. 288-289: "De todos los aspectos del lullsmo en el XVII seguramente, al menos para la lógica, el de mayor importancia es el que va unido a la *mathesis universalis* y a la matematización de la lógica, a partir de la combinatoria, siendo un insigne representante y precursor de Leibniz el jesuita Sebastián Izquierdo".

Cap. 2. Alguns precursores da matematização...   79

denominar variável) e, ao trabalhar combinações binárias, terciárias e quaternárias em suas figuras, de modo a apresentar as relações existentes entre as qualidades de Deus, sendo um instrumento voltado para a razão, mas, sobretudo, de conversão para o cristianismo. Por tais motivos, pode-se considerar Lúlio um dos pioneiros do processo de matematização do pensamento, que repercutiu para além de seu tempo até instigando muitos outros pensadores, dentre eles o jesuíta Sebastián Izquierdo.

2.2 *Pharus*: o tratado lógico de Sebastián Izquierdo

Influenciado pela matemática, assim como pelas mudanças nas ciências do século XVII, Sebastián Izquierdo (1601-1681), jesuíta espanhol, publica sua obra *Pharus scientiarum* (1659), que contém seu tratado lógico, abordando a lógica como um problema matemático de caráter combinatório. O *Pharus* é dividido em seis tratados com os seguintes enfoques:[25]

- o *Tratado I* – aborda a origem e a interação existente entre natureza e homens.

- o *Tratado II* – aborda o entendimento humano como: a noção de verdade e a relação vontade e entendimento.

- o *Tratado III* – aborda os objetos e o entendimento humano como os aspectos do ente: existência, essên-

---

[25]Herrero, 2007, p. 221.

cia, possibilidades, ordem, desordem, unidade, entre outros.

- ○ *Tratado IV* – aborda os termos, as proposições e os argumentos.

- ○ *Tratado V* – aborda a ciência humana e sua divisão entre natureza das ciências e seus acidentes.

- ○ *Tratado VI* – aborda os instrumentos e as regras da Arte Geral do Saber.

Izquierdo dedicou-se a analisar tanto o *Órganon* de Aristóteles como outras obras referentes à lógica, *i.e.*, *De oratore* de Cícero e Quintiliano, *Ars magna* de Lúlio, *Novum organum* de Francis Bacon, entre outras, na busca por construir uma Arte Geral do Saber, tentando corrigir os erros e somando as contribuições das diversas lógicas subjacentes. O trabalho de Izquierdo inaugura uma nova etapa na história da lógica, que posteriormente será aprofundada e aperfeiçoada por Leibniz.[26] Em *Pharus*, a noção de lógica gira em torno de uma graduação cognitiva: *apreensão, juízo* e *raciocínio*, que correspondem a *termo, proposição* e *argumentação* na lógica escolástica. Izquierdo não ignora os avanços e resultados da lógica de Aristóteles, contudo não se restringe a eles, pois utiliza a matemática combinatória em conjunto com o cálculo lógico e os três componentes (termo, proposição e argumentação) para a expansão de sua lógica.

A combinatória utilizada por Izquierdo tem, como fundamento, regras fixas de validade abrangente para todas as ciências, pois é um instrumento criado artificial-

---

[26]*Idem*, pp. 222-224.

Cap. 2. Alguns precursores da matematização... 81

mente nas ciências humanas, cuja aplicação, em sua maioria, é sobre as proposições e a argumentação na lógica, cujo objetivo era estabelecer uma base segura para a ciência. Ele utiliza a combinatória pela primeira vez quando apresenta as proposições para ajudar a compreender a extensão delas na lógica.[27]

Por combinatória, Izquierdo entende uma coleção de agregados possíveis por meio das combinações adequadas de termos. Diferentemente de Lúlio, o autor não se utiliza de princípios absolutos, mas de combinação entre os termos capazes de gerar proposições e permitir a elaboração das matérias, dos tópicos e dos problemas das diversas ciências.[28]

Ao pormenorizar os termos, a proposição e a argumentação, Izquierdo apresenta sua metodologia e seus pressupostos para o desenvolvimento da lógica moldada em regras demonstradas, cálculos combinatórios e simbolização apropriada. Os estudos sobre os termos não se utilizam da combinatória, contudo seu caráter expositivo exerce função introdutória nas proposições.[29]

No que se refere às proposições, estas são amplamente estudadas por Izquierdo, vistas como a matéria (o conteúdo) que forma as ciências humanas.[30] Para tal estudo, ele dividiu-as da maneira que consta na Tabela 2.1 seguinte.

---

[27] *Idem*, pp. 227-228.
[28] *Idem*, pp. 228-229.
[29] *Idem*, pp. 230-231.
[30] *Idem*, p. 231.

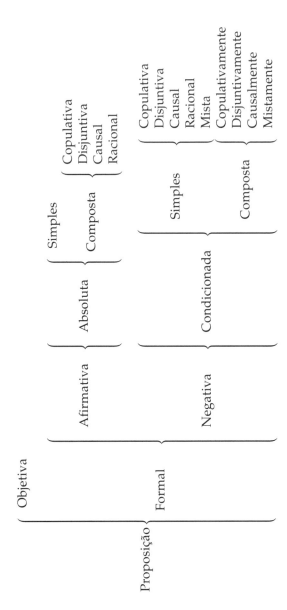

Tabela 2.1: Classificação das proposições segundo Sebastián Izquierdo.

Cap. 2. Alguns precursores da matematização... 83

De acordo com Izquierdo, ao analisar as proposições, tem-se como objeto as *proposições universais* (afirmativas e negativas), *e.g.*, Nenhum homem é animal (*Nullus homo est animal*), *proposições particulares* (afirmativas e negativas), *e.g.*, Algum homem é animal (*Aliquis homo est animal*), e *proposições singulares* (afirmativas e negativas), *e.g.*, Sócrates é animal (*Sócrates est animal*). Ainda em sua abordagem, analisa as que possuem o termo comum universal, *cada* (*omnis*), *e.g.*, Nenhum homem é cada animal (*Nullus homo est omne animal*), e também com predicados singulares ou comuns, *este* (*hoc*), *e.g.*, Algum homem é este animal (*Aliquis homo est hoc animal*).[31]

Tendo analisado e classificado tais proposições, Izquierdo esquematiza uma simbologia em que as proposições sem nenhum signo particular são representadas pela notação da tradição medieval escolástica (*A, E, I, O*),[32] mudando apenas para os casos singulares em que são representadas por *V* para as afirmativas (*V* ≡ Sócrates é um animal.) e *Vn* para as negativas (*Vn* ≡ Sócrates não é um animal.).[33]

Nos casos em que ocorre o termo particular dos universais *omnis*, é acrescentada na notação a letra *d* (*dA* ≡ Todo homem é cada animal.) e, quando possui o termo particular dos predicados singulares *hoc*, é acrescentada a letra *t* (*tE* ≡ Nenhum homem é este animal.).

---

[31]*Idem*, pp. 232-233.

[32]Como visto na Introdução deste livro, conforme a notação tradicional, *A* denota as proposições universais afirmativas, *E* denota as proposições universais negativas, *I* denota as proposições particulares afirmativas e *O* denota as proposições particulares negativas.

[33]Herrero, 2007, p. 233.

84 Projetos de matematização da lógica

Ao se referir às proposições hipotéticas, seguem-se as simbolizações utilizadas anteriormente com o acréscimo da letra *H, e.g., HtE* (Hipoteticamente nenhum homem é este animal.).[34]

Izquierdo, ao estudar os argumentos, considera-os divididos em alguns modos, assim como o raciocínio, *i.e.*, óbvio e obscuro, modal e não modal, hipotético e categórico, entre outros que são aplicados, concentrados nos silogismos perfeitos e aplicáveis (construídos por ele), capazes de trabalhar com as 18 propostas combinatórias válidas entre os modos categórico, hipotético, composto e modal.

Tomando como base os estudos aristotélicos dos silogismos, Izquierdo reavalia-os e desenvolve o *silogismo categórico do médio comum*, no qual considera oito figuras silogísticas, sendo quatro diretas e quatro indiretas. Para tal desenvolvimento, utilizou, primeiramente, a combinatória para descobrir as possibilidades, do que resultou em 512 modos assim como Leibniz, mas difere deste ao apresentar 48 modos válidos e úteis, enquanto Leibniz apresenta 24 modos em paralelo à silogística tradicional.[35]

As tabelas a seguir (Tabelas 2.2, 2.3) representam o raciocínio desenvolvido por Izquierdo para suas combinações. As que estão sombreadas são consideradas, segundo o autor, ilegítimas e inúteis, pois não seguem os *princípios de regras legítimas*: (1) uma das premissas deve ser afirmativa e seu termo médio deve ser distribuído em ao menos uma das

---

[34]*Idem*, pp. 234-238.
[35]*Idem*, pp. 238-245.

Cap. 2. Alguns precursores da matematização... 85

premissas; (2) é necessário que o termo distribuído na conclusão também o seja nas premissas; (3) caso uma premissa seja universal e a outra particular, a conclusão deve seguir pela particular e pela universal apenas quando possível; (4) nos silogismos cujas ambas as premissas são particulares nada de legítimo podemos inferir.

Proposições	A	E	I	O
A	AA	AE	AI	AO
E	EA	EE	EI	EO
I	IA	IE	II	IO
O	OA	OE	OI	OO

Tabela 2.2: Relações binárias entre as proposições categóricas segundo Izquierdo (adaptada de Herrero, 2007).

Após analisar essas combinações binárias para proposições, Izquierdo apresenta as relações entre as combinações binárias com a conclusão, gerando, assim, as relações ternárias (Tabela 2.3). Assim como na tabela anterior, as células sombreadas representam as combinações ilegítimas.

Quanto ao *silogismo hipotético puro*, Izquierdo toma como válidos e aplicáveis os resultados obtidos do silogismo categórico do meio comum acrescentando a relação hipotética, *e.g.*, a relação *AII* passa a ser *HA, HI, HI*. Em termos da linguagem natural, tais relações poderiam ser exemplificadas conforme o que segue:

○ *HA* ≡ Se todo homem está acordado, o homem fala.

○ *HI* ≡ Se todo homem está acordado, algum animal é homem.

86 Projetos de matematização da lógica

○ $HI \equiv$ Logo, se todo homem está acordado, algum animal fala.[36]

	A	E	I	O
AA	AAA	AAE	AAI	AAO
AE	AEA	AEE	AEI	AEO
AI	AIA	AIE	AII	AIO
AO	AOA	AOE	AOI	AOO
EA	EAA	EAE	EAI	EAO
EI	EIA	EIE	EII	EIO
IA	IAA	IAE	IAI	IAO
IE	IEA	IEE	IEI	IEO
OA	OAA	OAE	OAI	OAO

Tabela 2.3: Relações ternárias entre as proposições categóricas segundo Izquierdo (adaptada de Herrero, 2007).

Outro silogismo abordado por Sebastián Izquierdo é o *silogismo hipotético misto*, no qual silogismos categóricos e hipotéticos se integram e cuja denotação assim se apresenta segundo Herrero:

○ *H* se condição e condicionado são afirmados, *e.g.*, "Se chove, o chão molha.".

○ *nHn* se ambas são negadas, *e.g.*, "Se não chove, o chão não fica molhado.".

○ *Hn* se apenas o condicionado é negado, *e.g.*, "Se chove, o chão não está molhado.".

○ *nH* se apenas a condição é negada, *e.g.*, "Se não chove, o chão molha.".

[36]*Idem*, p. 248.

Cap. 2. Alguns precursores da matematização...   87

- C se a condição é afirmativa, *e.g.*, "Choveu.".

- $\supset$ se a condição é negativa, *e.g.*, "Não choveu.".

- T se possuir uma condicional afirmativa, *e.g.*, "Logo, o chão está molhado.".

- $\perp$ se possuir uma condicional negativa, *e.g.*, "Logo, o chão não está molhado.".

Diferentemente do silogismo categórico do meio comum, o silogismo misto apresenta apenas três figuras que assim se constituem:

- A *primeira figura* é formada por uma proposição hipotética, uma condição afirmativa ou negativa e uma conclusão que possui um condicionado afirmativo ou negativo.

- A *segunda figura* é formada por uma proposição hipotética, um condicionado afirmativo ou negativo, que conclui uma condição afirmativa ou negativa.

- A *terceira figura* é formada por uma condição afirmativa ou negativa, um condicionado afirmativo ou negativo, que conclui toda combinação hipotética.

Dessas três figuras, resultam 16 modos válidos para o silogismo misto hipotético, sendo quatro modos para a primeira, quatro modos para a segunda e oito modos para a terceira, como apresentadas a seguir (Tabela 2.4).[37]

---

[37] *Idem*, pp. 248-249.

Primeira figura	Segunda figura	Terceira figura
$H - C - T$	$H - \bot - \supset$	$C - T - H$
$nHn - \supset - \bot$	$nHn - T - C$	$T - C - H$
$Hn - C - \bot$	$nH - \bot - C$	$\supset - \bot - nHn$
$nH - \supset - T$	$Hn - T - \supset$	$\bot - \supset - nHn$
		$C - \bot - Hn$
		$T - \supset - nH$
		$\supset - T - nH$
		$\bot - C - Hn$

Tabela 2.4: Modos válidos dos silogismos hipotéticos e mistos segundo Izquierdo (adaptada de Herrero, 2007).

No intuito de tornar mais nítidas essas relações, exemplificamos da seguinte forma:

Primeira figura

- $H \equiv$ Se João fala, Lucas ouve.

  $C \equiv$ João está falando.

  $T \equiv$ Logo, Lucas está ouvindo.

- $nHn \equiv$ Se João não está falando, Lucas não ouve.

  $\supset \equiv$ João não falou.

  $\bot \equiv$ Logo, Lucas não ouviu.

- $Hn \equiv$ Se João fala, Lucas não está ouvindo.

  $C \equiv$ João fala.

  $\bot \equiv$ Logo, Lucas não ouve.

- $nH \equiv$ Se João não fala, Lucas ouve.

  $\supset \equiv$ João não falou.

  $T \equiv$ Logo, Lucas ouve.

Cap. 2. Alguns precursores da matematização...

Segunda figura

- $H \equiv$ Se João fala, Lucas ouve.
  $\perp \equiv$ Lucas não ouve.
  $\supset \equiv$ Logo, João não fala.

- $nHn \equiv$ Se João não fala, Lucas não ouve.
  $T \equiv$ Mas Lucas ouve.
  $C \equiv$ Logo, João fala.

- $nH \equiv$ Se João não fala, Lucas ouve.
  $\perp \equiv$ Mas Lucas não ouve.
  $C \equiv$ Logo, João fala.

- $Hn \equiv$ Se João fala, Lucas não ouve.
  $T \equiv$ Mas Lucas ouve.
  $\supset \equiv$ Logo, João não fala.

Terceira figura

- $C \equiv$ Se João fala e Lucas ouve.
  $T \equiv$ Logo, se João fala.
  $H \equiv$ Lucas ouve.

- $T \equiv$ João fala e Lucas ouve.
  $C \equiv$ Logo, se Lucas ouve.
  $H \equiv$ João fala.

- $\supset \equiv$ João não fala e Lucas não ouve.
  $\perp \equiv$ Logo, se João não fala.
  $nHn \equiv$ Lucas não ouve.

90   Projetos de matematização da lógica

- $\bot$ ≡ João não fala e Lucas não ouve.

  $\supset$ ≡ Logo, se Lucas não ouve.

  nHn ≡ João não fala.

- *C* ≡ João fala e Lucas não ouve.

  $\bot$ ≡ Logo, se João fala.

  Hn ≡ Lucas não ouve.

- *T* ≡ João fala e Lucas não ouve.

  $\supset$ ≡ Logo, se Lucas não ouve.

  nH ≡ João fala.

- $\supset$ ≡ João não fala e Lucas ouve.

  T ≡ Logo, se João não fala.

  nH ≡ Lucas ouve.

- $\bot$ ≡ João não fala e Lucas ouve.

  C ≡ Logo, se Lucas ouve.

  Hn ≡ João não fala.[38]

Os *silogismos compostos* também são trabalhados por Izquierdo, focando nas proposições compostas que podem ser reduzidas a proposições disjuntivas e conjuntivas. Contudo, o autor versará fortemente na forma disjuntiva, visto que, para ele, não seria possível construir a conjuntiva. Assim, como os silogismos anteriores, o silogismo composto possui uma notação específica, duas figuras silogísticas e oito modos válidos:

- *D* se a proposição disjuntiva tiver seus termos extremos afirmativos.

---

[38]Exemplos adaptados de Herrero, 2007.

Cap. 2. Alguns precursores da matematização...   91

- *nDn* se ambos os termos são negados.

- *Dn* se apenas o segundo termo é negado.

- *nD* se apenas o primeiro termo é negado.

- *P* se a proposição simples ou contraditória da primeira parte for afirmativa.

- *d* se a proposição simples for negativa.

- *S* se a proposição simples ou contraditória da segunda parte for afirmativa.

- ς se for negativa.

Primeira figura

- $D \equiv$ Ou João fala ou Lucas fala.
  $d \equiv$ Mas João não fala.
  $S \equiv$ Logo, Lucas fala.

- $nDn \equiv$ Ou João não fala ou Lucas não fala.
  $P \equiv$ Mas João fala.
  $ς \equiv$ Logo, Lucas não fala.

- $Dn \equiv$ Ou João fala ou Lucas não fala.
  $d \equiv$ Mas João não fala.
  $ς \equiv$ Logo, Lucas não fala.

- $nD \equiv$ Ou João não fala ou Lucas fala.
  $P \equiv$ Mas João fala.
  $S \equiv$ Logo, Lucas fala.

Segunda figura

- $D \equiv$ Ou João fala ou Lucas fala.

  $\varsigma \equiv$ Mas Lucas não fala.

  $S \equiv$ Logo, João fala.

- $nDn \equiv$ Ou João não fala ou Lucas não fala.

  $S \equiv$ Mas Lucas fala.

  $d \equiv$ Logo, João não fala.

- $Dn \equiv$ Ou João fala ou Lucas não fala.

  $S \equiv$ Mas Lucas fala.

  $P \equiv$ Logo, João fala.

- $nD \equiv$ Ou João não fala ou Lucas fala.

  $\varsigma \equiv$ Mas Lucas não fala.

  $d \equiv$ Logo, João não fala.[39]

Primeira figura	Segunda figura
$D - d - S$	$D - \varsigma - S$
$nDn - P - \varsigma$	$nDn - S - d$
$Dn - d - \varsigma$	$Dn - S - P$
$nD - P - S$	$nD - \varsigma - d$

Tabela 2.5: Figuras do silogismo composto e seus modos válidos.

A lógica vislumbrada por Izquierdo necessitaria de uma análise da estrutura cognitiva e dos objetos de nossa mente, assim como das operações da mente.[40] Como mencionamos

---

[39]Exemplos adaptados de Herrero, 2007.

[40]Herrero, 2007, p. 260.

Cap. 2. Alguns precursores da matematização...   93

antes, tal aparato cognitivo estaria vinculado à combinatória, permitindo o cálculo lógico-matemático, uma simbolização lógica e regras precisas formuladas e aceitas anteriormente, possibilitando dessa maneira um avanço qualitativo da lógica. Por sua contribuição singular, Herrero conclui:

> Por isso, e com todo direito, poder-se-ia incluir Izquierdo entre os precursores da lógica matemática ou moderna ou lógica simbólica, ou considerá-lo com interesses similares a Leibniz, para assim situar Izquierdo e sua lógica no posto que lhe é correspondente dentro da história da lógica.[41]

Assim, ao analisarmos as contribuições de Sebastián Izquierdo, nota-se que suas contribuições para a história da lógica impactam de maneira significativa outros autores, como Leibniz, que, assim como Izquierdo, utilizar-se-á da análise combinatória, do rigor e da simbolização matemática para analisar e compreender os textos aristotélicos referentes ao silogismo e a partir deles desenvolver suas próprias interpretações dos silogismos e da lógica em si.

2.3 Thomas Hobbes e o *De corpore*

Embora seja reconhecido por seus escritos sobre política, dentre eles o *Leviatã*, Thomas Hobbes (1588-1679) também

---

[41]*Idem*, p. 263: "Por eso, y con todo derecho, se podría incluir a Izquierdo entre los precursores de la Lógica Matemática, o Moderna o Matemática, o lógicos simbólicos, o considerarlo de un interés similar al de Leibniz para así situar a Izquierdo y a Su Lógica en el puesto que le corresponde dentro de la Historia de la Lógica".

dedicava atenção a outros ramos da ciência, como a matemática, de modo a explorar e compreender, de maneira definitiva, a realidade. Tais estudos tiveram méritos reconhecidos por outros filósofos, como Leibniz; contudo o filósofo sofreu duras críticas de historiadores da ciência, como Paolo Rossi (1923-2012).[42]

Hobbes também se inscreve dentre os precursores do projeto de matematização do pensamento. Para uma melhor compreensão do contexto de seus trabalhos sobre a ciência em geral, faz-se necessário analisar alguns conceitos-chave, como filosofia, raciocínio, notas, termos, nome e proposição.

Hobbes, na obra *De corpore*,[43] faz uma comparação entre a filosofia e o vinho nos primórdios da natureza. Assim como os primeiros homens harmonizaram e cultivaram as melhores uvas em suas parreiras e excluíram as que julgavam ruins para sua produção, a filosofia – a razão natural, segundo Hobbes – também passa por esse processo quando é rechaçada, ao discutir assuntos de cunho mais reflexivo do que aqueles percebidos pela maioria dos homens de pouco juízo.[44]

Sendo assim, Thomas Hobbes compreende a filosofia da seguinte forma:

> A Filosofia é o conhecimento dos efeitos ou aparências, que adquirimos raciocinando corretamente a partir do conhecimento que temos inicialmente de suas causas ou geração;

---

[42]Hobbes, 2000, pp. 9-11.
[43]Hobbes, 2005.
[44]Hobbes, 2000, p. 35.

Cap. 2. Alguns precursores da matematização... 95

> bem como [o conhecimento] de quais podem ser essas cau-
> sas ou gerações, a partir do conhecimento de seus efeitos.[45]

De modo a complementar tal definição, Hobbes afirma que é preciso elucidar dois aspectos. O primeiro refere-se às sensações e à memória, que não são frutos da filosofia, mas sim dadas pela natureza, e o segundo, ao fato de que a experiência, a memória e a prudência e as previsões são baseadas em coisas semelhantes que já ocorreram. Logo, a prudência também não deve ser considerada uma parte da filosofia.[46]

Como já dissemos, Hobbes demonstra grande apreço pela matemática e isso se comprova quando o autor analisa e define o que seria o raciocínio num passo fundamental para a nossa discussão:

> Por raciocínio quero dizer *computação*. Ora, computar é ou
> coletar a soma de muitas coisas que são adicionadas,
> ou saber o que resta quando coisa é retirada de outra.
> *Raciocinar*, portanto, é o mesmo que *somar* ou *subtrair*, e se
> alguém quiser acrescentar a *multiplicação* e a *divisão*, não
> terei objeção, uma vez que a multiplicação nada mais é que
> a adição de iguais uns aos outros, e a divisão, nada mais
> que a subtração de iguais um do outro, tantas vezes quanto
> possível. De modo que todo raciocínio está compreendido
> nessas duas operações da mente, adição e subtração.[47]

Por mais que a estrutura do raciocínio tenha como base a soma e subtração, para Hobbes, tal inferência não se restringe ao raciocínio matemático, mas estende-se a todos

---

[45]Hobbes, 2005, p. 12.
[46]Hobbes, 2000, p. 36.
[47]Hobbes, 2005, p. 13.

os tipos de inferências que são concatenados em relação a tempo, magnitude, corpo, conceito, nomes, orações, entre outros, produzindo e transmitindo, dessa forma, os conhecimentos repassados para as próximas gerações, sanando alguns questionamentos e criando outros.

Num segundo momento, explica Hobbes, para a produção de novos conhecimentos e resolução de antigos questionamentos, faz-se necessária a transmissão deles, e tal transmissão é feita por meio das *notas* e dos *nomes*. Nas palavras de Hobbes, as notas "consistem em coisas sensíveis, escolhidas arbitrariamente, cuja percepção permite trazer a nossa mente pensamentos semelhantes aos pensamentos pelos quais os tomamos".[48]

Portanto, as notas são sinais individuais que nos remetem a pensamentos semelhantes no passado. Contudo, tais notas não são vistas necessariamente de igual maneira por outros indivíduos. Logo se faz necessário "rotular" essas notas com *signos*, que, de acordo com Hobbes, "são os antecedentes de seus consequentes, e os consequentes de seus antecedentes, sempre que os observemos anteceder ou suceder e da mesma maneira".[49]

É importante comentar que para Hobbes os signos são de dois tipos: *naturais*, *e.g.*, uma nuvem carregada é sinal de que irá chover, e *arbitrários*, em que quem decide seu significado são os próprios indivíduos, *e.g.*, a delimitação de um espaço por pedras.

---

[48]*Idem*, p. 20.
[49]*Idem*, pp. 20-21.

Cap. 2. Alguns precursores da matematização... 97

De acordo com Hobbes, os pensamentos são expressos por meio dos signos na comunicação entre os indivíduos quando combinados, tornando-se *orações* constituídas por *nomes* (cumprindo o papel de notas e signos). Os nomes possuem qualidade (positivo e negativo), quantidade (universal e particular), intencionalidade (de nomear coisas de primeira intenção e nomes e orações de segunda intenção), significação (certa/determinada e indefinida/indeterminada), sentido (unívoco e equivocado[50]), capacidade (absolutos ou relativos) e complexidade (simples e compostos).[51] Os nomes (como todas suas características) aplicados em orações são fundamentais para analisar as proposições e, posteriormente, sua soma (utilizando a perspectiva de Hobbes) em silogismos tradicionais oriundos dos trabalhos de Aristóteles, que permitem o desenvolvimento da ciência e da filosofia.

A percepção de Hobbes sobre o processo do raciocínio (como soma e subtração) e da lógica, cuja linguagem é representada por nomes que estavam interligados com signos e notas, também o faz um representante do processo de matematização do pensamento, sendo elogiado (como dito anteriormente) por pensadores destacados como Leibniz, que busca da mesma forma simbolizar o pensamento e o raciocínio através da aritmética e da álgebra.

---

[50]No original, encontra-se como "equívoco"; *vide* Hobbes, 2000, p. 48.

[51]*Idem*, pp. 45-49.

2.4 A *Ars combinatoria* de Gottfried Wilhelm Leibniz

"Ao final do século XVII, a lógica, tanto como disciplina acadêmica quanto como ciência formal, coincidia basicamente com a silogística aristotélica."[52] Um autor notável nesse contexto é Gottfried Wilhelm Leibniz (1646-1716), que propôs, entre outras contribuições (em filosofia e em matemática), o desenvolvimento do *calculus universalis*, cujo objetivo era a determinação das inferências logicamente válidas, e uma *lingua characteristica universalis* capaz de ser aplicada a proposições arbitrárias por meio de um cálculo lógico de índole mecânica, assim como intentara desenvolver Lúlio. Para compreender os estudos elaborados por ele, é necessário levar em consideração suas perspectivas sobre a lógica silogística aristotélica, uma teoria geral dos arranjos (*ars combinatoria*) e o seu plano de uma linguagem universal.

No tocante à lógica silogística aristotélica, Leibniz demonstrou-lhe grande apreço desenvolvendo seus "Novos ensaios sobre o entendimento humano" ("Nouveaux essais sur l'entendement humain par l'auteur du système de l'harmonie préétablie") entre 1695 e 1705, a fim de analisar tal estrutura silogística, visando a uma possível criação de uma matemática universal. A publicação de sua obra ocorre apenas em 1765, postumamente. Ressalta-se, contudo, que ele questionara alguns aspectos dos silogismos,

---

[52]Lenzen, 2004, p. 1: "In the late 17th century, logic both as an academic discipline and as a formal science basically coincided with Aristotelian syllogistics".

Cap. 2. Alguns precursores da matematização...

e.g., a possibilidade de formalizar todos os argumentos de forma silogística; para isso, apresentava argumentos obtidos por inversão ou a partir do método direto para o indireto, destacando que em toda dedução há o princípio da substituição de equivalentes.[53]

Leibniz defende, na obra *Dissertatio de arte combinatoria* (1666), a existência de 4 figuras silogísticas, cada uma possuindo 6 modos, diferentemente da doutrina aristotélica original, mas consoante a tradição lógico-escolástica, que possui 3 figuras e 16 modos, vistos por Leibniz como resultado de uma noção ambígua sobre o que seria um raciocínio natural. A escolha dos 24 modos por Leibniz acarretou um comprometimento com a implicação existencial para todas as proposições universais, o que, futuramente, dificultou a elaboração de um cálculo lógico satisfatório.[54]

Ao trabalhar com os silogismos, reduzindo-os à primeira figura, Leibniz deu preferência à utilização do método de redução ao absurdo (*per impossible*) por ser, segundo ele, mais simples. Contudo, a quarta figura necessitaria, além da redução ao absurdo, do princípio da conversão ou identidade.[55] Outro aspecto que influencia em seus trabalhos com os silogismos é seu entendimento de que as proposições singulares afirmativas verdadeiras são como universais afirmativas verdadeiras, baseando-se na noção de que está contido no sujeito (*praedicatum inest subjecto*).[56]

---

[53]Kneale & Kneale, 1980, p. 327.

[54]*Idem*, pp. 327-328.

[55]*Idem*, p. 328.

[56]*Idem*, p. 329: "Quando Leibniz usou a expressão *Praedicatum inest*

100 Projetos de matematização da lógica

Leibniz, devido à sua grande consideração pela teoria do silogismo, tentou eliminar as proposições de forma relacional, entretanto, não notou que a expansão seria mais do que uma teoria de atributos.

Apesar dessa tentativa de eliminação, ele defende a noção de demonstração formal, o que gerou críticas a Locke e, posteriormente, a Descartes, que, segundo ele, baseava-se em um método psicológico sem valor, não compreendendo assim a importância da forma lógica.[57]

Também, em *Dissertatio de arte combinatoria*, Leibniz defende ainda que a construção se pode formar não apenas a partir dos membros de um conjunto dado, mas sim que todas as coisas que podemos pensar podem ser construídas por meio de combinações convenientes e para isso são necessárias duas coisas: (1) "alfabeto" que deveria ser fundamental e completo; (2) um processo para assegurar todas as combinações possíveis.

Nota-se por essa obra que Leibniz foi um leitor atento de Raimundo Lúlio e Thomas Hobbes (no que se refere ao *Computatio sive logica*) pelas semelhanças no uso de variá-

---

subjecto, ele pensou não só no sentido em que se pode dizer que a sabedoria é inerente a Sócrates, mas também no sentido em que se pode dizer que a animalidade está contida na humanidade; e a segunda predominou tanto que ele muitas vezes falou como se houvesse um conceito ou essência de cada indivíduo que necessariamente envolvesse todos os atributos desse indivíduo. É esta a origem do seu princípio de identidade dos indiscerníveis. [...] Para ele [Leibniz] a distinção entre história e ciência desapareceu e a assimilação das proposições singulares às universais já não era um artifício para economia das regras para estabelecer a validade de argumentos mas a expressão de uma verdade profunda".

[57] *Idem*, p. 330.

Cap. 2. Alguns precursores da matematização...   101

veis que representam um termo e a segurança do processo do raciocínio. O resultado do trabalho de Leibniz, nessa obra, busca estabelecer uma lógica da descoberta que resulta na demonstração dos 24 modos válidos do silogismo categórico.[58]

Já tratamos aqui do fato de a linguagem ou o "alfabeto" ser parte necessária na formalização do processo combinatório. Daí ser importante lembrar que Leibniz não foi o único a pensar dessa forma, *e.g*, John Wilkins (1614-1672) e George Delgarno (1626-1687).

Esses três pensadores partilhavam da ideia de que tal linguagem artificial facilitaria a compreensão e a circulação de ideias entre os indivíduos, pois tal linguagem possuiria princípios simples e regulares.[59]

> Porém, não sei se até aqui perscrutaria a verdadeira razão algum dos mortais, em que o número real de suas características possa ser apontado. Ora, quando algo assim ocorre, homens eruditíssimos [...] com esse número real tivessem contato, admitiriam se não compreendessem o que [eu] dizia. E, ainda que recentemente certos homens eminentes tenham pensado seriamente em uma certa linguagem ou uma característica [caractérica] universal, na qual as noções e todas as coisas são ordenadas perfeitamente, e que em auxílio às diversas noções da alma, discernidas pelos sentidos e comunicadas a outrem, esboçaria um ao outro em seu próprio idioma e reuniria o que ele queria; a ninguém, contudo, avançando, sucede que a linguagem ou a característica em que, ao mesmo tempo, a arte da descoberta e a do juízo estivessem contidas, isto é, cujos sinais

---

[58]*Idem*, pp. 330-331.
[59]*Idem*, p. 332.

ou caracteres da aritmética para números e da álgebra para grandezas abstratas são assumidos.[60]

Primeiramente, Leibniz defendeu o uso do latim básico como tal linguagem facilitadora (assim como faria Peano), porém, posteriormente, na busca de uma linguagem que permitiria a compreensão sem restrições, pensou a *lingua characteristica universalis*.

Quando analisado o simbolismo de Leibniz, percebe-se que esses símbolos têm como objetivo refletir a estrutura do mundo e nos propiciar o pensar acerca dele. O questionamento feito por Leibniz refere-se à incapacidade dos sistemas simbólicos vulgares em sua época em permitirem o alcance total do trabalho intelectual que possibilitaria um *calculus ratiocinator*, ou seja, um método de princípio quase mecânico para se chegar a conclusões e, quando tal linguagem chegar a sua perfeição, quem quiser discutir sobre algo empunhará uma pena e dirá: *"Calculemos!"*.[61] Tal fórmula célebre é assim enunciada:

---

[60]Leibniz, 1890, p. 184: "Sed nescio an quisquam mortalium veram rationem hactenus perspexerit, qua cuique rei numerus suus characteristicus assignari possit. Nam eruditissimi homines, [...] cum aliquid hujusmodi obiter apud ipsos attigissem, fassi sunt se non intelligere quid dicerem. Et quanquam dudum egregii quidam Viri excogitaverint Linguam quandam seu Characteristicam Universalem, quan notiones atque res omnes pulchre ordinantur et cujus auxilio diversae notiones animi sensa communicare et quae scripsit alter in sua quisque lingua legere queat, nemo tamem aggressus est lingua sive Characticen, in qua simul ars inveniendi et judicandi contineretur, id est cujus notae sive characteres praestarent idem quaod notae arithmeticae in numeris et Algebraicae in magnitudinibus abstracte sumtis".

[61]Kneale & Kneale, 1980, pp. 332-333.

Cap. 2. Alguns precursores da matematização... 103

> De fato, quando surgissem controvérsias, não mais dispu-
> tas se fariam entre dois filósofos que entre dois calculistas.
> Com efeito, bastará terem canetas em mãos, assumirem
> [suas posições], sentarem-se aos ábacos e dizerem-se mu-
> tuamente (conclame, se concorda o amigo): *calculemos*.[62]

Ao analisar as causas que impossibilitaram a formulação desse sistema assim definido, os Kneales destacam:
(1) a impossibilidade de elaborar um dicionário para a nova
linguagem antes mesmo da investigação, (2) Leibniz não
se libertou dos dogmas predicativos da lógica tradicional
e (3) a noção de complexidade que ele abordava era insuficiente para a complexidade do que é pensável, o que refletiu
também na sua primeira tentativa de aplicação da *ars combinatoria*.[63] Assim, concluem os estudiosos:

> Como é que exactamente Leibniz queria construir a sua
> *characteristica universalis* não é bem claro, porque ele nunca
> chegou a dar um esquema detalhado nem nunca discutiu
> as alternativas a que nos referimos acima. Mas talvez
> Leibniz tenha pensado nela em termos de uma notação
> na qual as noções não formais seriam representadas por
> sinais e não por palavras.[64]

No desenvolvimento de sua teoria lógica em diversas
obras e diversos escritos, Leibniz introduz sistemas formais,[65] que Lenzen (2004) organiza em cinco sistemas, po-

---

[62]Leibniz, 1890, p. 200: "Quo facto, quando orientur controversiae,
non magis disputatione opus erit inter duos philosophos, quam inter
duos Computistas. Suffuciet enim calamos in manus sumere sedereque
ad abacos, et sibi mutuo (accito si placet amico) dicere: *calculemus*".

[63]Kneale & Kneale, 1980, p. 334.

[64]*Idem*, p. 333.

[65]Lenzen, 2004, pp. 1-3.

dendo ser diagramados à maneira da Figura 2.8. Tais cálculos são lógico-conceituais (lógica de termos e lógica de conceitos). Tal como apresentada por Lenzen, parte de *L0.4* até *L2*, dispondo as lógicas da mais fraca à mais forte. Diferentemente das demais, a *PL1* (Lógica Proposicional 1) pode ser obtida por meio de correlação dos conceitos e operadores lógico-proposicionais. Dentre os cálculos citados, o foco dessa discussão será sobre a lógica *L1*, por ser equivalente à álgebra dos conjuntos (de cunho matemático) e por fornecer um conjunto de axiomas complexos que a fundamenta,[66] o qual, posteriormente, fundamenta uma lógica proposicional, pois ele prova as leis conceituais da lógica e toma-as como garantia. Nota-se que *L1* é, quando estudada, equivalente a um sistema modal e, dessa forma, pode-se caracterizar como um sistema conceitual de segunda ordem fundamentado em uma lógica sentencial ou proposicional de implicações.[67]

Diferentemente da silogística tradicional, Leibniz estrutura sua álgebra de conceitos descartando a expressão em latim *omne* (todo) e formula as proposições universais afirmativas (*UA*), como *"A é/contém B"*, a qual se denota, de acordo com a notação de Lenzen, como

$$"A \in B"$$

---

[66]Nota-se que Leibniz é de fato, como explica Lenzen, precursor do desenvolvimento da álgebra de Boole em quase 160 anos do autor inglês.

[67]Lenzen, 2004, pp. 3-6.

Cap. 2. Alguns precursores da matematização... 105

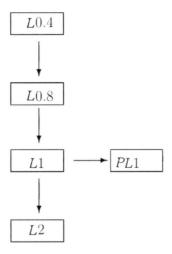

Figura 2.8: Diagrama das lógicas de Leibniz, segundo Lenzen (2004).

e cuja negação é denotada por

$$"A \notin B".$$

Leibniz apresenta, também, um novo operador de conjunção conceitual por justaposição

$$"AB"$$

e, por fim, desconsidera as restrições referentes à estrutura dos silogismos, ou seja, as relativas ao número de premissas e conceitos. Sendo assim, seria necessário uma axiomatização da $L1$ cuja base seria apenas a negação ($\neg$), conjunção ($\wedge$) e relação extensional de pertinência ($\in$) entre os termos pertencentes conjuntos.

Entende-se, para Leibniz, que a extensão diz respeito ao conjunto de todos os possíveis indivíduos que possuem determinada propriedade como na lógica tradicional; logo, podem diferir no que se refere à intenção quando se trabalha com dois conjuntos em que um indivíduo possui uma propriedade e a outra não, desde que pertençam ao mesmo universo de discurso (U).[68] Seguindo um rigor algébrico (que permitiu, posteriormente, que Boole fundamentasse sua álgebra), Leibniz aborda as seguintes definições para uma interpretação extensional dos conjuntos e das leis que fundamentam $L1$, assim como as que se obtêm a partir destas (Tabela 2.6). São elas:

Axioma 1. *Identidade: A coincidência de conceitos ou identidade é simbolizada pelo sinal de "=" ou "∞", i.e., $A = B \leftrightarrow_{df} A \in B \land B \in A$, e na extensionalidade $\Phi(A = B) = $ verdadeiro se e somente se $\Phi(A) = \Phi(B)$.*[69]

Axioma 2. *Conjunção: Dados A e B e a relação de $\in$, entende-se que A é B é o mesmo que o A sendo igual ao conjunto conceitual de B, i.e., AB, ou seja, $A \in B \leftrightarrow_{df} AB$.*[70]

Axioma 3. *Estar contido: Seja U (universo de discurso) um conjunto não vazio e Φ uma função em que $\Phi(A) \subseteq U$ para cada conceito de A. Logo, Φ é uma interpretação extensional de L1, i.e., $\Phi(A \in B) = $ verdadeiro se e somente se $\Phi(A) \subseteq \Phi(B)$.*

---

[68]*Idem*, pp. 10-12.

[69]*GI* § 30. A sigla *GI* denota *General Inquiries* e a sigla *C* denota *La logique de Leibniz*, publicada por Louis Couturat em 1901.

[70]*GI* § 83.

Cap. 2. Alguns precursores da matematização...   107

Axioma 4. *Não estar contido*: *A relação A $\in$ B pode ser expressa pelo seu inverso, sua transposta "t", i.e., $A_t B \leftrightarrow_{df} B \in A$, cuja extensionalidade $\Phi(A_t B) = verdadeiro$ se e somente se $\Phi(A) \supseteq \Phi(B)$.*

Axioma 5. *Negação*: *A e não A é uma contradição. A possibilidade (P) e, por consequência, o possível é o que não contém uma contradição ou "A não A", i.e., $P(B) \leftrightarrow_{df} B \notin A\overline{A}$. Entende-se P como possibilidade do conceito e I(A) como sua impossibilidade.*

Vale ressaltar a importância da obra *Plus-minus-calculus* (1686-1687), que não possui como propósito último elaborar um cálculo lógico. Contudo, ela possui aplicações e interpretações em várias áreas. Em uma perspectiva abstrata de teoria dos conjuntos (ingênua, não axiomática), esta representa uma teoria de *inclusão* ($\subseteq$), *adição* ($A \cup B$), *subtração* ($A - B$), *negação* ($\overline{A}$) e *relação* ($A \in B$).

Leibniz encontrou inconsistências no que se refere a subtração real, e esta poderia ser resolvida por três modos: (1) desconsideração da subtração, trabalhando apenas com o cálculo positivo; (2) restrição à subtração, em que apenas B esteja contido em A; ou (3) admissão de subtrações reais, assumindo entidades "menores que nada".[71] Nessa obra, fica evidente a tentativa de reduzir o número de axiomas ao mínimo possível, em paralelo com os axiomas da aritmética, para que possam ser realizados os cálculos considerando o "real", ou seja, o nada (*Nihil*), as somas, as subtrações e os termos comuns (*Com*). Em relação a tais cálculos, podem ser apresentados como:

---

[71]Lenzen, 2004, p. 17.

Nihil **1.** $A + \emptyset = A$, *considera-se "$\emptyset$" o conjunto vazio.*

Nihil **2.** $\emptyset \subseteq A$, *logo, trivialmente, o nada é um subconjunto de A.*

Subtração 1. $A - A = \emptyset$.

Subtração 2. $\neg Com(A, B) \wedge \neg Com(A, C) \rightarrow (A + B = A + C \rightarrow B = C)$.

Adição 1. $A + A = A$ *e a adição de mais termos "A" não produzirão um resultado diferente.*

Leibniz percebe a inconsistência que tal noção implica; contudo, alerta que, para a inclusão dessa regra, é necessário rejeitar alguns princípios da aritmética como $(a + b) - b = a$.[72]

Com **1.** $\neg Com(A, B) \rightarrow (A + B) - B = A$.

Com **2.** $A \cap B = B - ((A + B) - A)$, *sendo a interseção dos dois conjuntos.*

Com **3.** $A = ((A + B) - B + (A \cap B))$.

Com **4.** $\neg Com(A - B, B)$, *o que foi subtraído e seu restante apresentam pouco ou nada.*

Com **5.** $A \cap B = A \cap C \rightarrow ((A + B) - B) - C = A - C$.

Com **6.** $(A \cap B) = \emptyset \leftrightarrow \neg Com(A, B)$, *em que $A \cap B = \emptyset$ expressa que tais conjuntos não possuem nada em comum ou possuem o nada.*

---

[72] *Idem*, p. 21.

Cap. 2. Alguns precursores da matematização... 109

Leis de L1	Versão de Leibniz	Versão formal (Lenzen)
Conj. 1	"Que A contém B e A contém C é o mesmo que A contém BC" (GI, § 35)	$A \in BC \leftrightarrow A \in B \wedge A \in C$
Conj. 2	"AB é A" (C 263)	$AB \in A$
Conj. 3	"AB é B" (GI § 38)	$AB \in B$
Conj. 4	"AA = A" (GI § 171)	$AA = A$
Conj. 5	"AB ∞ BA" (C 235, §7)	$AB = BA$
Cont. 1	"B é B" (GI § 37)	$A \in A$
Cont. 2	"Se A é B e B é C, então A deve ser C" (GI § 19)	$A \in B \wedge B \in C \rightarrow A \in C$
Cont. 3	"Geralmente 'A é B' é o mesmo que 'A = AB'" (GI § 83)	$A \in B \leftrightarrow A = AB$
Neg. 1	"Não não A = A" (GI § 96)	$\overline{\overline{A}} = A$
Neg. 2	"Uma proposição falsa em si mesma é 'A coincide com não A'" (GI § 11)	$A \neq \overline{A}$
Neg. 3	"Em geral, 'A é B' é do mesmo modo 'Não B é não A'" (GI § 77)	$A \in B \leftrightarrow \overline{B} \in \overline{A}$
Neg. 4	"Não A é não AB" (GI § 76a)	$\overline{A} \in \overline{AB}$
Neg. 5	"Se A é B, portanto, A é não não B" (GI § 91)	$[\mathbf{P}(A) \wedge] A \in B \rightarrow A \notin \overline{B}$
Poss. 1	"Se eu disser 'A não B não é', seria como dizer [...] 'A contém B'" (GI § 200)	$\mathbf{I}(\overline{AB}) \leftrightarrow A \in B$
Poss. 2	"Se A contém B e A é verdadeira, B também é verdadeira" (GI § 55)	$A \in B \wedge \mathbf{P}(A) \rightarrow \mathbf{P}(B)$
Poss. 3	"A não A não é uma coisa" (GI § 171)	$\mathbf{I}(\overline{AA})$
Poss. 4		$\overline{AA} \in B$

Tabela 2.6: Tabela de leis de L1 de Leibniz (adaptada de Lenzen, 2004).

110   Projetos de matematização da lógica

Apesar de uma formalização extensa, a teoria de soma e de subtração reais possui falhas como a insuficiência de apresentar os axiomas para os operadores $(=, +, -, \emptyset, \subseteq, Com, \cap)$ e assim, ao ser comparada com outra álgebra, torna esta conceitualmente mais fraca, *e.g.*, apenas mostrando a diferença entre negação e subtração. Posteriormente, na tentativa de resolver tais problemas, Leibniz inclui a constante U sendo o conjunto universal (ou do discurso) e formaliza-o como $A \subseteq U$, seguindo assim a definição de negação

$$\overline{A} =_{df} U - A$$

e outros teoremas.[73]

Subtração 3. $\emptyset - B = \emptyset$, *permanecendo a ideia de conjuntos privativos.*

Subtração 4. $A - (B + C) = (A - B) + C$.

Subtração 5. $A - (B - C) = (A - B) + (A \cap C)$.

Com 7. $C \subseteq A \cap B \leftrightarrow C \subseteq A \wedge C \subseteq B$.

No que se refere à aplicação da *Plus-minus-calculus* a conceitos, Leibniz não encontra problemas em afirmar o significado literal de "$A \subseteq B$" significa "A está em B". Logo, o conceito de gênero está contido no de espécie tanto em intenção quanto em extensão; nota-se também que essa noção aparece em $A + B$, entendido como união correspondente às intenções da conjunção AB. Outro conceito que ganha

---

[73]*Idem*, pp. 23-25.

Cap. 2. Alguns precursores da matematização...   111

um destaque na aplicação em conceitos é o nada ou *Nihil*, pois representa um determinado conceito com uma intenção quase vazia, redefinida a ponto de não ser nem mesmo o zero, sendo expresso da seguinte forma:

$$A = 0 \leftrightarrow_{df} \neg\exists Y(A \in Y \wedge Y \neq A),$$

referindo-se à extensionalidade, no máximo, como uma tautologia. Em símbolos

$$\Phi(0) = U.$$

Um outro aspecto ao qual Leibniz também se dedicou, que permitiu compreender a extensionalidade de um sistema lógico de maneira mais completa, é a *trivialização* e sua *consistência*. Por trivialização entende-se que

> uma teoria é um conjunto de fórmulas (expressões bem formadas) de uma linguagem, fechadas por uma determinada relação de consequência, que caracteriza a lógica subjacente à teoria, da qual ela herda todas as suas características estruturais como, por exemplo, consistência (não contraditoriedade) e completude. Uma teoria que possua um símbolo de negação em sua linguagem, digamos ¬, é consistente (não contraditória) se para qualquer fórmula fechada A da linguagem não forem demonstráveis na teoria A e ¬A; caso contrário, a teoria é dita *inconsistente* (contraditória). [...] Quando todas as fórmulas expressáveis na linguagem da teoria forem demonstráveis, diremos que a teoria é *trivial* ou *supercompleta*.[74]

---

[74]Gomes & D'Ottaviano, 2017, p. 32.

112   Projetos de matematização da lógica

Para completar o sucinto esboço das lógicas introduzidas por Leibniz, passamos à breve discussão da parte relativa à álgebra de conceitos, ponto de partida para a obtenção da *PL1*. Pode-se apresentar a interpretação extensional da álgebra de conceitos da seguinte forma, tomando um conjunto *U* não vazio:

1. $\Phi(A) \subseteq U$ para cada conceito de A;

2. (a) $\Phi(A \in B)$ é verdadeiro se e somente se $\Phi(A) \subseteq \Phi(B)$;

   (b) $\Phi(A = B)$ é verdadeiro se e somente se $\Phi(A) = \Phi(B)$;

   (c) $\Phi(A_t B)$ é verdadeiro se e somente se $\Phi(A) \supseteq \Phi(B)$;

   (d) $\Phi(A \oplus B)$ é verdadeiro se e somente se $\Phi(A) \cap \Phi(B)$;

   (e) $\Phi(\overline{A}) = \overline{\Phi(A)}$;

   (f) $\Phi(\mathbf{P}(A)) = $ verdadeiro se e somente se $\Phi(A) \neq \emptyset$;

   (g) $\Phi(0) = U$;

   (h) $\Phi(A \otimes B) = \Phi(A) \cup \Phi(B)$, em que $\otimes$ representa a relação entre A e B;

   (i) $\Phi(Com(A, B)) = $ verdadeiro se e somente se $\Phi(A) \cup \Phi(B) \neq U$;

   (j) $\Phi(A - B) = \Phi(A) \cup \overline{\Phi B}$.[75]

Leibniz destaca-se, também, na elaboração de um instrumento que permitiu transformar a álgebra de conceitos em

---

[75]Lenzen, 2004, pp. 28-34.

Cap. 2. Alguns precursores da matematização... 113

álgebra de proposições, a formação de uma semântica dos mundos possíveis e a analogia entre os operadores deônticos e aléticos, analisando de uma perspectiva semântica que $A \in B$ como *A está em B*, vista como predicado B está contido no sujeito A.[76]

De forma comparativa, entende-se a mudança das fórmulas básicas da álgebra de conceitos para a álgebra de proposições da seguinte forma:

Álgebra de conceitos	Álgebra de proposições
$A \in B$	$\alpha \to \beta$
$\overline{A}$	$\neg \alpha$
AB	$\alpha \wedge B$
$A_t B$	$(\alpha \to \beta)[\leftrightarrow_{def} (\beta \to \alpha)]$
$A = B$	$\alpha \leftrightarrow_{def} \beta[\leftrightarrow (\alpha \to \beta) \wedge (\beta \to \alpha)]$
$\mathbf{P}(A)$	$\Diamond \alpha[\leftrightarrow_{def} \neg(\alpha \to (\beta \wedge \neg\beta))]$
0	$\neg(\alpha \wedge \neg\alpha)$
$Com(AB)$	$\Diamond(\neg\alpha \wedge \neg\beta)$
$A \otimes B$	$\alpha \vee \beta$
$A - B$	$\alpha \vee \neg\beta$

Tabela 2.7: Comparativa entre álgebras de conceitos e proposições em Leibniz (adaptada de Lenzen, 2004).

Após apresentarmos alguns dos diversos trabalhos desenvolvidos por Leibniz voltados para a lógica, é notável o avanço que ele proporcionou ao aproximar e relacionar os

---

[76]As transformações da álgebra de conceitos em álgebra de proposições segundo Leibniz. Implicação: 1) $(\alpha \to \alpha)$; 2) $((\alpha \to \beta) \wedge (\beta \to \gamma)) \to (\alpha \to \gamma)$; 3) $(\alpha \to \beta) \leftrightarrow (\alpha \leftrightarrow \alpha \wedge \beta)$. Conjunção: 1) $(\alpha \to \beta \wedge \gamma) \leftrightarrow ((\alpha \to \beta) \wedge (\alpha \to \gamma))$; 2) $\alpha \wedge \beta \to \alpha$; 3) $\alpha \wedge \beta \to \beta$; 4) $\alpha \wedge \alpha \leftrightarrow \alpha$; 5) $\alpha \wedge \beta \leftrightarrow \beta \wedge \alpha$. Negação: 1) $(\neg\neg\alpha \leftrightarrow \alpha)$; 2) $\neg(\alpha \leftrightarrow \neg\alpha)$; 3) $(\alpha \to \beta) \leftrightarrow (\neg\beta \to \neg\alpha)$; 4) $\neg\alpha \to \neg(\alpha \wedge \beta)$; 5) $[\Diamond\alpha\wedge](\alpha \to \beta) \to \neg(\alpha \to \neg\beta)$. Possibilidade: 1) $(\alpha \to \beta) \leftrightarrow \neg \Diamond (\alpha \wedge \neg\beta)$; 2) $(\alpha \to \beta) \wedge (\Diamond\alpha \to \Diamond\beta)$; 3) $(\alpha \wedge \neg\alpha) \to \beta$.

trabalhos da lógica de Aristóteles e de tradição greco-escolástica com o formalismo matemático de sua época.

Em seus estudos, Leibniz abordou, primeiramente, a relação combinatória especificamente nos silogismos e, posteriormente, no desenvolvimento de uma álgebra de conceitos relacionada àqueles mais tarde contemplados na teoria de conjuntos, investigando, depois, uma álgebra de proposições vista de maneira semelhante em outros autores, como George Boole, para o desenvolvimento de suas lógicas.

No que se refere ao processo de matematização do pensamento expresso na lógica, Leibniz ganha destaque por seu projeto de uma *lingua characteristica universalis*, que buscava a construção de uma linguagem capaz de ser compreendida por todos (que se interessavam), permitindo, dessa forma, um trabalho intelectual coletivo baseado no projeto expresso por Leibniz do *"Calculemus!"*. Contudo, apesar do entusiasmo de Leibniz, o desenvolvimento dessa linguagem nunca foi concluído devido à dificuldade de sua elaboração, bem como, por exemplo, a relação com os dogmas metodológicos do passado e por não ser capaz de expressar o raciocínio em sua completude.

Capítulo 3

Pioneiros da matematização da lógica

Das diversas mudanças que ocorrem com a lógica, a busca pela formalização mostrou-se persistente, sendo assim fundamental para compreender o processo de matematização da linguagem lógica. Apesar de diversos autores trabalharem com formalizações, este capítulo apresentará aspectos dos projetos de formalização da lógica de George Boole (1815-1864), Augustus De Morgan (1806-1871), Gottlob Frege (1848-1925), Giuseppe Peano (1858-1932) e seus desdobramentos.

3.1 George Boole e a algebrização da lógica

No decorrer da história da lógica e no seu processo de formalização, enfatizamos as contribuições de George Boole (1815-1864), que estreitou, de maneira mais forte, as relações com a matemática, abordando uma lógica distinta da aceita em sua época (silogística tradicional).

O autor contribui para uma nova concepção das unidades básicas dos raciocínios nas quais ocorrem as inferências lógico-dedutivas, na sua rede de relações e em uma álgebra de símbolos mais universais.[1] Ao descrever suas motivações, ele afirma:

> Parece-me que, embora a lógica possa ser vista com referência à ideia de quantidade, ela tinha também outro e mais profundo sistema de relações. Se fosse lícito considerá-lo de fora, como se conectando por meio do Número com as intuições de Espaço e Tempo, também era lícito considerá-lo de dentro, com base em fatos de outra ordem que tenham sua morada na constituição da Mente.[2]

Em suas obras, Boole apresenta uma nova modelagem de lógica, com princípios algébricos no tocante aos termos,

---

[1] Jacquette, 2008, pp. 331-332.

[2] Boole, 1847, p. 1: "It appeared to me that, although Logic might be viewed with reference to the idea of quantity, it had also another and a deeper system of relations. If it was lawful to regard it from without, as connecting itself through the medium of Number with the intuitions of Space and Time, it was lawful also to regard it from within, as based upon facts of another order which have their abode in the constitution of the Mind".

Cap. 3. Pioneiros da matematização da lógica 117

operações e valores, buscando evitar uma análise baseada apenas na silogística. Dentre as propostas desenvolvidas, encontra-se a abstração da forma gramatical, permitindo expressar as combinações entre os termos sujeito e predicado em qualquer das proposições (categóricas ou hipotéticas), bem como formalizar as proposições primárias e secundárias de forma algébrica, permitindo a avaliação das anteriores.

É nessa avaliação sobre a (in)validade das inferências que Boole apresenta os valores: (a) a *classe de todos os objetos* (1) e (b) a *classe nula* (0).[3] Tais valores são derivados do postulado lógico $x^n = x$, em que uma classe de indivíduos combinados com eles mesmos só poderá ser igual a eles mesmos; contudo, tal caso na álgebra só é válido nos termos 0 ($0^2 = 0$) e 1 ($1^2 = 1$).[4]

O desenvolvimento da lógica bivalente em Boole, abordando as verdades proposicionais e suas relações evidentes, proporcionou um grande passo para a lógica simbólica moderna, dando ênfase na elaboração do *operador booleano*, cujo objetivo fora compreender as relações combinatórias de forma irrestrita sobre um limitado número de formas, mas com um número de combinações matemáticas indefinido envolvendo as escolhas dos predicados.[5]

> De fato, podemos deixar de lado a interpretação lógica dos símbolos na equação dada; convertê-los em símbolos quantitativos suscetíveis apenas dos valores 0 e 1; exe-

---

[3]Jacquette, 2008, pp. 333-334.
[4]Blanché, 1996, p. 275.
[5]Jacquette, 2008, p. 334.

cutar neles todos os processos necessários de solução; e, finalmente, restaurar para eles sua interpretação lógica.[6]

Na formalização de sua lógica, Boole identifica três operadores lógicos que permitem a construção categórica das relações entre os objetos, representados pelos predicados como entradas que geram uma saída de um resultado mais complexo de maneira limitada por suas funções.

Os operadores identificados por Boole são: (1) complementação (*não* ou subtração $-$), (2) conjunção (*e* ou multiplicação AB) e (3) disjunção (*ou* ou adição $+$). Vale ressaltar que o conceito lógico-gramatical dos termos dos operadores não é criação de Boole, ele o tomou de uma linguagem matemática (aritmética) e modificou sua função em sua teoria.

No que se refere ao operador da complementação (*não*), este não possui a mesma característica do sentido proposicional lógico, cujo papel era negar o valor de verdade da proposição. Em uma expressão como "*P*" e "*Não P*", a negação é entendida como símbolo que representa uma parte que necessita de um objeto a ser combinado e a fim de produzir uma proposição valorada, distinguindo, dessa forma, uma classe complementar de propriedades.

Essa diferença entre as negações pode ser encarada como *negação externa*, em que a proposição como um todo, quando

---

[6]Boole, 1854, p. 50: "We may in fact lay aside the logical interpretation of the symbols in the given equation; convert them into quantitative symbols, susceptible only of the values 0 and 1; perform upon them as such all the requisite processes of solution; and finally restore to them their logical interpretation".

Cap. 3. Pioneiros da matematização da lógica 119

negada, tem seu valor de verdade invertido, enquanto na *negação interna* não se considera a proposição como um todo, apenas se atribui aos termos da proposição a designação de classes de complementos representadas pelo predicado.[7]

O operador da conjunção entre dois termos pode ser expresso na lógica boolena como "$E(x, y)$", "xEy" ou apenas "xy". Tal expressão representa todos os objetos que possuem a propriedade predicativa de x e de y, *i.e.*, "a seleção da classe Y e a seleção da classe Y de indivíduos da classe X contidos nela, sendo o resultado a classe cujos membros são Xs e Ys".[8]

A disjunção entre dois termos pode ser expressa como "$OU(x, y)$", "$x\ OU\ y$" ou apenas "$x+y$", contudo é necessário compreender que a disjunção (exclusiva) se refere em separar dois predicados disjuntivos compostos. Posteriormente, Boole modifica tal interpretação para a inclusiva, aceitando a noção de que ambos os objetos podem ser aceitos.

Nas obras *Mathematical analysis of logic* e *An investigation of the laws of thought on which are founded the mathematical theories of logic and probabilities*, Boole explica a lógica de proposições hipotéticas, assim como seus silogismos hipotéticos, desenvolvendo mais os conceitos de adição e multiplicação lógica.

Apesar desses escritos, ele não apresenta um operador funcional de verdade para a negação proposicional, utilizando equações cujo resultado sendo 1 era entendido como

---

[7]Jacquette, 2008, p. 336.
[8]Boole, 1847, p. 14.

120 Projetos de matematização da lógica

verdade e a subtração de 1, como falsidade (classe universal), e, em determinados casos, a igualdade, como 0.

3.1.1 A silogística na perspectiva da álgebra booleana

É notável que a formalização dos três operadores elaborada por Boole seja capaz de analisar de maneira suficiente a estrutura lógica silogística. Por esse desenvolvimento, Boole pode ser visto como o fundador da lógica proposicional moderna, devido ao conjunto de conectivos que introduz, acrescido de uma disjunção inclusiva, um operador funcional de verdade para a negação proposicional e conectivos condicionais e bicondicionais (estes últimos eram vistos como hipotéticos não categóricos segundo Boole).[9]

Segundo tal formalização, pode-se compreender as proposições da teoria tradicional da lógica da seguinte forma:

A	Todo X é Y	–	$xy = x$
E	Nenhum X é Y	–	$xy = 0$
I	Algum(ns) X(s) é/são Y(s)	–	$v = xy$
O	Algum(ns) X(s) não é/são Y(s)	–	$v = x(1 - y)$

O produto de "x" e "y" resulta em "x", quando toda classe de "Y" for igual à de "X", referindo-se à proposição universal afirmativa; e resulta em 0, quando entre esses dois conjuntos não há nada de semelhante. Para as proposições particulares, é necessário a introdução do símbolo "v", que

---

[9]Jacquette, 2008, p. 338.

Cap. 3. Pioneiros da matematização da lógica 121

representa a classe dos objetos semelhantes entre duas classes, assim como sua indefinição.[10]

Para além das quatro proposições tradicionais de Aristóteles, Boole formaliza mais quatro, que buscam melhorias no sistema simbólico, de quantificação e complementação das proposições já existentes.

Para tal formalização, utiliza a negação de uma proposição como "$1 - x$", *e.g.*, proposições do tipo I seriam formalizadas por: $1 - (x(1 - y) = 0)$.[11]

1)	Todo X é Y	–	$y = vx$
2)	Nenhum X é Y	–	$y = v(1 - x)$
3)	Algum(ns) X(s) é/são Y(s)	–	$vy = vx$
4)	Algum(ns) X(s) não é/são Y(s)	–	$vy = x(1 - y)$
5)	Todo não Y é X	–	$1 - y = vx$
6)	Nenhum não Y é X	–	$1 - y = v(1 - x)$
7)	Algum não Y é X	–	$v(1 - y) = vx$
8)	Algum não Y é não X	–	$v(1 - y) = v(1 - x)$ [12]

De acordo com Boole, o que torna a lógica possível são as nossas concepções de noções gerais, ou seja, nossa capacidade de conceber classes e denominar seus membros, pois

> aquilo que torna possível a lógica é a existência em nossa mente de noções gerais, nossa capacidade de conceber uma classe e designar seus membros individuais por um nome comum. A teoria da lógica está, portanto, intimamente conectada com a linguagem. Uma tentativa bem-sucedida de expressar proposições lógicas por símbolos, cujas leis deveriam se basear nas leis dos processos

---

[10]*Idem*, p. 345.
[11]*Idem*, p. 347.
[12]Boole, 1854, p. 175.

122 Projetos de matematização da lógica

mentais que representam, seria, até agora, um passo em direção a uma linguagem filosófica.[13]

Sendo assim, a lógica booleana vale-se dos conteúdos e técnicas de operações algébricas conhecidas no século XIX, permitindo uma maior flexibilidade, generalidade e versatilidade em expressões que possibilitaram mudanças consideráveis na álgebra moderna e suas interconexões com a lógica.

Como, por exemplo, ao expressar as proposições contraditórias de maneira mais direta:

> Se com Boole nós interpretarmos "$1 - x$" como o complemento lógico de x, então pelo menos o mistério de um símbolo eletivo sem precedentes v nas proposições "I" e "O" é dissolvido, e podemos ver as proposições "A" e "O" como contraditórias no sentido de envolver explicitamente classes complementares de objetos. Quando proposições "A" são simbolizadas como "$y = vx$" e proposições "O" como "$vy = v(1 - x)$", fica claro que uma proposição "O" envolve a classe complementar "$1 - x$" da classe x designada em uma proposição "A".[14]

---

[13]Boole, 1847, p. 4: "That which renders Logic possible, is the existence in our minds of general notions, our ability to conceive of a class, and to designate its individual members by a common name. The theory of Logic is thus intimately connected with that of Language. A successful attempt to express logical propositions by symbols, the laws of whose combinations should be founded upon the laws of the mental processes which they represent, would, so far, be a step toward a philosophical language".

[14]Jacquette, 2008, p. 349: "If with Boole we interpret $1x$ as the logical complement of x, then at least the mystery of the unprecedented elective symbol v in I and O propositions is dissolved, and we can see A and O propositions as contradictories in the sense of involving explicitly com-

Cap. 3. Pioneiros da matematização da lógica   123

Outro aspecto importante no desenvolvimento da lógica algébrica de Boole é a utilização de uma classe de símbolos x, y, z que representa todos os membros de determinada classe, *i.e.*, x representa os indivíduos da classe X.

Boole utiliza três princípios (axiomas) para a álgebra lógica, sendo eles:

1. $x(u + v) = xu + xv$ (Princípio Distributivo)

2. $xy = yx$ (Princípio Comutativo)

3. $x^n = x$ (Lei do Índice)

O Princípio Distributivo pode ser exemplificado da seguinte maneira:

> considere o fato de que a classe que consiste em todas as baleias E (todos os mamíferos OU todos os cetáceos) é idêntica à clássica ou a mesma classe que consiste em (todas as baleias E todos os mamíferos) OU (todas as baleias E todos os cetáceos).[15]

Sobre o Princípio Comutativo, pode-se pensar o exemplo das ovelhas com chifres.

> Se da classe de animais selecionamos ovelhas, e das ovelhas, aquelas que têm chifres, ou se da classe de animais

---

plementary classes of objects. Where A propositions are symbolized as $y = vx$ and O propositions as $vy = v(1x)$, it is clear that an O proposition involves the complement class $1x$ of the class x designated in an A proposition".

[15]*Idem*, p. 343: "consider the fact that the class consisting of all whales AND (all mammals OR all cetaceans) is identical to or the very same class as the class consisting of (all whales AND all mammals) OR (all whales AND all cetaceans)".

selecionamos os com chifres, e destes, as ovelhas, o resultado não é afetado. Em ambos os casos, chegamos à classe de ovelha com chifres.[16]

A Lei do Índice, diferentemente dos princípios anteriores, não é compatível com a álgebra aritmética; contudo, no que se refere à lógica booleana, cujos valores podem ser 0 ou 1, ela se torna aplicável por expressar a classe "X" e todos os objetos da classe "X", sendo assim, o produto lógico "n" com interação com "x" será "x".[17]

Para exemplificar o processo de aplicação da álgebra de Boole, tomemos o seguinte. Dadas as proposições (1) "Todo felino é quadrúpede" e (2) "Todo leão é felino", tem-se que (3) "Todo leão é quadrúpede". Usando as letras iniciais dos termos, temos: "f" para felino, "q" para quadrúpede e "l" para leão.

Como apresentado anteriormente, as proposições quantificadas como universais são expressas como "$xy = x$"; contudo, esta possui equivalência como "$x(1 - y) = 0$" e, utilizando-se dessa equivalência, é possível excluir o termo médio. Assim, é possível multiplicar a proposição da linha (1) e (2), resultando na conclusão "$l(1 - q) = 0$", *i.e.*, não existe um caso em que o leão não seja um quadrúpede.[18]

---

[16]Boole, 1847, p. 15: "Whether from the class of animals we select sheep, and from the sheep those which are horned, or whether from the class of animals we select the horned, and from these such as are sheep, the result is unaffected. In eithercase we arrive at the class horned sheep".

[17]Jacquette, 2008, p. 343.

[18]*Idem*, pp. 351-352.

Cap. 3. Pioneiros da matematização da lógica   125

Proposições	Simbolismo	$x(1-y) = 0$	Eliminação
1) Todo felino é quadrúpede.	$fq = f$	$f(1-q) = 0$	$(1-q) = 0$
2) Todo leão é felino.	$lf = l$	$l(1-f) = 0$	$l - l = 0 \text{ e } l = l$
3) Todo leão é quadrúpede.	$lq = l$	$l(1-q) = 0$	$l(1-q) = 0$

A álgebra lógica booelana foi revista e refinada por algus autores posteriormente, tais como William Stanley Jevons (1835-1882), Charles Sanders Peirce (1839-1914) e John Venn (1834-1923). Dentre as melhorias produzidas, pode-se notar a disjunção inclusiva, regras de associação que geraram uma nova lista de axiomas na lógica booleana, apresentadas a seguir em uma perspectiva atual da álgebra de Boole.

1. *Identidade*:

$$1(x) = x$$
$$0 + x = x$$

2. *Fronteira*:

$$0(x) = 0$$
$$1 + 0 = 1$$

3. *Idempotência*:

$$xx = x$$
$$x + x = x$$

4. *Comutação*:

$$xy = yx$$
$$x + y = y + x$$

5. *Distribuição*:

$$x(y + z) = xy + xz$$
$$x + yz = (x + y)(x + z)$$

6. *Associação*:

$$(xy)z = x(yz)$$
$$(x + y) + z = x + (y + z)$$

7. *Complementaridade*:

$$x(1 - x) = 0$$
$$x + (1x) = 1$$

8. *Absorção*:

$$x(x + y) = x + xy = x$$

Apresentados os desenvolvimentos e contribuições de Boole, é evidente que possuem grande impacto na história, bem como nas aplicações em sistema e programação computacional. Além disso, Boole apresenta uma nova perspectiva de representação de proposições por meio de uma álgebra que permite uma demonstração da conclusão de silogismos que elimina o termo médio.

Simultaneamente aos trabalhos de Boole, Augustus De Morgan (que tinha apreço a Boole) também desenvolve sua percepção da lógica em um viés matematizado, diversificando em determinados aspectos os desenvolvimentos de Boole.

3.2 Contribuições de Augustus De Morgan

Augustus De Morgan (1806-1871) foi professor da Universidade de Londres, assumindo a cátedra de matemática em 1828. Todavia, renunciara a esta em 1866, devido à falta de liberdade acadêmica. No mesmo ano, assume a primeira presidência da London Mathematical Society. Entre suas publicações, devem-se destacar *Elements of arithmetic* (1831), *First notion of logic preparatory to the study of geometry* (1840), *Formal logic* (1847) e *Syllabus of a proposed system of logic* (1860).

3.2.1 Os objetos, as ideias e os nomes

A fim de compreender o contexto dos trabalhos desenvolvidos por De Morgan no que se refere à notação simbólica em lógica, é necessário analisar alguns aspectos anteriores

Cap. 3. Pioneiros da matematização da lógica 127

à própria notação, sendo eles: a noção de lógica, a denotação dos objetos, das ideias, dos nomes e a abstração das proposições. Na perspectiva de De Morgan, a lógica é

> derivada de uma palavra grega ($\lambda o\gamma o\varsigma$), que significa comunicação do pensamento, geralmente pela fala. É o nome que geralmente é dado ao ramo de investigação (seja chamado de ciência ou arte), no qual o ato da mente no raciocínio é considerado, particularmente, com referência à conexão do pensamento e da linguagem.[19]

Assim, de acordo com De Morgan, uma primeira noção que os indivíduos possam formular sobre a lógica é tendo-a como um exame da formação das inferências de acordo com o raciocínio e, dessa forma, proporcionar uma investigação e construção de argumentos precisos de acordo com a relação entre premissas e conclusão que não se baseiam em presunções e opiniões.[20]

Partindo dessa concepção, explica De Morgan, duas perguntas surgem: (1) como entender a mente? e (2) como expressá-la? O primeiro questionamento é extremamente complexo e difícil de responder, pois acerca da mente temos apenas manifestações, nas quais podemos referenciar de maneira muito fraca com outras coisas que possuem certa similaridade, ou um breve conhecimento de sua estrutura e seus processos de desenvolvimento.[21]

---

[19]De Morgan, 1847, p. 26: "derived from a Greek word ($\lambda o\gamma o\varsigma$) which signifies communication of thought, usually by speech. It is the name which is generally given to the branch of inquiry (be it called science or art), in which the act of the mind in reasoning is considered, particularly with reference to the connection of thought and language".

[20]*Idem*, p. 1.

[21]*Idem*, p. 26.

128 Projetos de matematização da lógica

Para abordar o segundo questionamento, De Morgan argumenta que é necessário compreender que o nosso sistema de representação simbólica é imperfeito, já que ele é baseado em comparações entre o corpo e as manifestações do pensamento.

> Com toda a probabilidade, precisamos de novos modos de percepção, outros sentidos além da visão, da audição e do toque, para conhecer o pensamento como conhecemos a cor, o tamanho ou o movimento. Mas o objetivo do presente tratado é apenas o exame de algumas das manifestações do poder do pensamento em sua relação com a linguagem em que são expressos.[22]

Ao aprofundar a análise sobre a compreensão de De Morgan, nota-se que, para cada indivíduo, é evidente (e necessária) a existência de outras mentes e, assim, outros corpos e matérias. Os objetos poderiam ser criações do pensamento (como em casos de distúrbios psiquiátricos), mas essa hipótese é deixada de lado quando nos deparamos com seres que possuem e fazem funções semelhantes às nossas (e independentes das nossas) e comparam suas percepções e análises.[23]

Tendo em vista a concepção das outras mentes, segundo De Morgan, deve haver algo que seja independente e que,

---

[22]*Idem*, p. 27: "In all probability we should need new modes of perception, other senses besides sight, hearing, and touch, in order to know thought as we know colour, size, or motion. But the purpose of the present treatise is only the examination of some of the manifestations of thinking powering their relation to the language in which they are expressed".

[23]*Idem*, pp. 28-29.

Cap. 3. Pioneiros da matematização da lógica   129

diferentemente delas, não possua uma escolha para ser ou fazer; tais coisas chamam-se *objetos externos*, que consequentemente possuem uma imagem ou o que eles comunicam em nossa mente.[24]

No viés lógico desenvolvido por esse autor (e com vistas a uma maior nitidez de suas perspectivas), assim como buscando evitar uma compreensão dúbia sobre sujeito e objeto, dá-se a utilização dos termos *ideia* e *objeto*.

Por ideia entende-se aquilo que o objeto fornece à mente ou a reação da mente produzida pelo objeto. Quando se fala sobre um objeto, tratamos da ideia que dele fazemos em nossa mente, sendo assim, quando falamos sobre o mundo externo, é devido a outros indivíduos que também usam da mesma fonte, mas não exclusiva, e dessa forma se pode concatenar ou excluir ideias sobre o mundo. De tais relações, também é gerada a noção de *qualidade* e *relações* entre as partes que a mente consegue separar dos objetos externos.[25]

As definições de características derivam da *abstração*, que são construídas por semelhança ou comparação, contudo não são baseadas apenas em objetos externos, *i.e.*, a ideia de bondade é derivada de atos; sendo assim, não podemos torná-la um objeto externo, mas em si mesmo, *i.e.*, não material.[26] Para dar continuidade em seu desenvolvimento, De Morgan explicita:

> para nosso propósito, a distinção entre ideias e objetos, embora seja falsa, é de maior importância do que aquela

---

[24]*Idem*, p. 29.
[25]*Idem*, pp. 29-31.
[26]*Idem*, pp. 31-33.

entre ideias inatas e adquiridas, embora seja verdadeira. Mas uma dessas duas coisas deve ser verdadeira: ou temos ideias que não adquirimos de ou por meio de comunicação com o mundo externo (experiência, experimentação de nossos sentidos), ou existe um poder na mente de adquirir uma certeza e uma generalidade que a experiência por si só não poderia propriamente dar.[27]

Como declarado no início desta seção, para compreender o sistema de notação desenvolvido por De Morgan, faz-se necessário explicitar os conceitos de *lógica*, *objeto*, *ideias*, *abstração*. Cabe agora abordar a relação dos *nomes* com os outros conceitos explanados até o momento.

Os *nomes* (criados e dados pelos próprios indivíduos às coisas) possuem o papel de conectar as ideias com o modo de se comunicar, de forma oral ou escrita, por meio da qualificação que o(s) indivíduo(s) dá(dão) ao nome ou conjunto de palavras que transmitam uma ideia, e tal nomeação, segundo as palavras do autor, faz-se necessária, pois "duvido que poderíamos ter feito do próprio pensamento o sujeito do pensamento sem língua".[28]

Uma questão que deve ser levada em consideração em relação aos nomes é que eles podem ser usados tanto para os objetos que produzem ideias, como para a gama de

---

[27]*Idem*, p. 32: "for our purpose, the distinction between ideas and objects, though it were false, is of more importance than that between innate and acquired ideas, though it be true. But one of these two things must be true: either we have ideas which we do not acquire from or by means of communication with the external world (experience, trial of our senses) or there is a power in the mind of acquiring a certainty and a generality which experience alone could not properly give".

[28]*Idem*, p. 34: "I doubt whether we could have made thought itself the subject of thought without language".

Cap. 3. Pioneiros da matematização da lógica   131

ideias desenvolvida por eles, *i.e.*, de maneira objetiva ou ideal. Para evitar tal dualidade, é preciso que o objeto em si transmita a mesma ideia para os indivíduos, e os nomes/palavras devem transmitir as mesmas ideias que se deseja expressar.[29]

> Um nome deve ser como uma fronteira, que de maneira clara e inegável encerra ou exclui toda ideia que possa ser sugerida. É pela imperfeição de nossa mente, nossa linguagem e nosso conhecimento de coisas externas que essa inclusão ou exclusão clara e inegável raramente é atingível, exceto quanto às ideias que estão na fronteira: na própria fronteira e perto dela, tudo é vago.[30]

Nos casos em que o nome é muito complexo, o uso da *definição* do objeto faz-se necessário para que sua compreensão seja de maneira *nominal* ou *real*. A *definição nominal* é entendida como a substituição de um nome por outros termos, assim não há necessidade de conhecer o objeto para ter uma ideia sobre ele, *e.g.*, o nome *ilha* pode ser *definido nominalmente* por *porção de terra cercada por água*. Por *definição real* compreende-se a explicação do nome/palavra em sua totalidade ou em uma parte que seja capaz de diferenciar de outra, *e.g.*, o nome *zebra* por *definição real* designa *quadrúpedes com listras*.[31]

---

[29] *Idem, ibidem.*

[30] *Idem*, p. 35: "A name ought to be like a boundary, which clearly and undeniably either shuts in, or shuts out, every idea that can be suggested. It is the imperfection of our minds, our language, and our knowledge of external things, that this clear and undeniable inclusion or exclusion is seldom attainable, except as to ideas which are well within the boundary: at and near the boundary itself all is vague".

[31] *Idem*, p. 36.

132 Projetos de matematização da lógica

Nota-se na formação dos nomes na linguagem que sua significação representa um caráter negativo, *e.g.*, paralelas são retas em que não ocorre interseção. Na concepção de De Morgan, é desejável a utilização de nomes correspondentes de exclusão denotados pelo prefixo "não", *e.g.*, "não homem", logo, os nomes "homem" com seu contrário "não homem" referem-se ao real ou ao que se possa imaginar no *universo* (diferentemente na linguagem corrente, que não aborda essa totalidade, e sim uma ideia geral).

Ressalta-se que os nomes também podem ser representados por letras únicas, *e.g.*, "A ou a", "B ou b", entre outras, assim como seus contrários, "não A ou não a", "não B ou não b".[32]

Para a realização de um *processo de inferência* de uma asserção, faz-se necessário perceber os acordos e desacordos entre duas ideias comparadas com uma terceira, sendo particularidade do homem ser capaz de fazer inferência de ideias abstratas.[33]

Apesar da abstração, De Morgan explicita que "em todas as afirmações, no entanto, deve-se notar, de uma vez por todas, que a lógica formal, objeto dos tratados, trata de nomes, e não de ideias ou coisas a que seus nomes pertencem",[34] cabendo à lógica analisar e afirmar se as ditas conclusões dadas em um processo inferencial são realmente conclu-

---

[32]*Idem*, pp. 37-38.

[33]*Idem*, p. 41.

[34]*Idem*, p. 42: "In all affertions, however, it is to be noted, once for all, that formal logic, the object of this treatife, deals with names and not with either the ideas or things to which thefe names belong".

Cap. 3. Pioneiros da matematização da lógica   133

sões em que as consequências destas estão nas próprias premissas.[35]

Para De Morgan, como vimos, um nome é um *símbolo* que é vinculado a um ou mais objetos do pensamento seja por semelhança ou uma comunidade de propriedades, tendo como objetivo a diferenciação entre outros objetos do pensamento, *e.g.*, o nome/símbolo "A". Quando o *universo das proposições* (*U*) é abordado, faz referência ao que há entre dois nomes expressos em uma proposição, *e.g.*, o que está entre "A e não A".[36]

As proposições nas quais a notação é aplicada podem ser de dois tipos: *simples* e *incompletas*, que são as que afirmam o tipo "alguns Xs são Ys ou não são", *i.e.*, abordam o signo (afirmativo ou negativo), a quantidade (todo é(são) algum(ns)) e a ordem (escolha da relação entre sujeito e predicado), enquanto a *complexa* e *completa* se refere às que afirmam o tipo "todo X é ou nenhum X é".[37]

Nos trabalhos desenvolvidos por De Morgan, a notação utilizada para representar o sujeito da proposição é o símbolo "X", enquanto o predicado é representado pelo símbolo "Y". Destaca-se também, nessa notação, que o contrário de nome ou símbolo é representado pela mesma letra, contudo, minúscula, *e.g.*, dado "X" seu contrário é "x".

Outra notação muito significativa utilizada por De Morgan é sua representação das quatro categorias de proposições (assim como as proposições do silogismo aristotélico),

---

[35]*Idem*, pp. 43-44.
[36]*Idem*, pp. 54-55.
[37]*Idem*, p. 56.

134   Projetos de matematização da lógica

sendo *A* e *O* contraditórias, assim como *E* e *I*.

- *A* (universal afirmativa):   Todo X é Y. Denota-se: *X)Y*.

- *O* (particular negativa):   Algum X não é Y. Denota-se: *X:Y*.

- *E* (universal negativa): Todos Xs não são (todos) Ys. Denota-se: *X·Y*.

- *I* (particular afirmativa): Alguns Xs são alguns Ys. Denota-se: *XY*.

Quando o autor se refere ao nome "X", sua representação das categorias será da seguinte forma: $A_,$; $E_,$; $I_,$; $O_,$. Quando a análise se refere ao contrário de "X", *i.e.*, "*x*", tem-se: *A'*, *E'*, *I'*, *O'*, denominados, respectivamente, de *sub-A* e *supra-A*.

É válido analisar o termo *contranominal*, que se refere aos nomes contrários ou aos inversos dos outros, *e.g.*, "X)Y" tem como inverso "y)x".[38] Para a combinação de tais categorias, faz-se necessário seguir quatro regras:

> 1) Cada tríade de equivalentes contém dois inconversíveis e um conversível. 2) Das quatro, X, Y, x, y, cada uma das oito formas fala universalmente de duas e particularmente de duas. 3) Uma proposição fala de diferentes maneiras de cada nome e seu contrário; universalmente de um e particularmente de outro. 4) As proposições chamadas contraditórias, a partir do significado comum dessa palavra,

---

[38]*Idem*, pp. 60-62.

Cap. 3. Pioneiros da matematização da lógica 135

podem ser chamadas em outro sentido: pois elas falam da mesma maneira de contrários. Assim X)Y fala universalmente de X e particularmente de Y: sua negação, X:Y ou y:x, fala universalmente de x e particularmente de y.[39]

Na tabela abaixo (Tabela 3.1), seguem as categorias de proposições, notações, suas contrariedades e seu contranominal.

Categoria	*Formal logic*	*Syllabus*	Contrárias	Contranominal
A'	X)Y	X))Y	X·y	y)x
O'	X:Y	X(·(Y	Xy	y:x
E'	X·Y	X)·(Y	X)y	Y)x
I'	XY	X()Y	X:y	Y:x
A,	x)y	x))y	x·Y	Y)X
O,	x:y	x(·(y	xY	Y:X
E,	x·y	x)·(y	x)Y	y)X
I,	xy	X()y	x:Y	y:X

Tabela 3.1: Tabela de representação e contranominal (adaptada de De Morgan, 1847).

Ao abordar as proposições contrárias, De Morgan apresenta uma nova notação e uma relação entre elas. Em cada proposição há quatro termos que podem ser transformados em seus contrários, sendo eles: o sujeito (S), o predicado (P), a ordem (T), a cópula (F, sempre apresentada

---

[39]*Idem*, p. 63: "1. Each triad of equivalents contains two inconvertibles and one convertible. 2. Of the four, X, Y, x, y, each of the eight forms speaks universally of two, and particularly of two. 3. A proposition speaks in different ways of each name and its contrary; universally of one and particularly of the other. 4. The propositions called contradictory, from the common meaning of this word, may be so called in another sense: for they speak in the same manner of contraries. Thus X)Y speaks universally of X, and particularly of Y: its denial, X:Y or y:x, speaks universally of x, and particularly of y".

por último, para evitar complicações) e, quando não ocorre alterações, é representada por L, *e.g.*, dado SPT e X)Y, a transformação gera $S = x)Y$, $P = x)y$ e $T = y)x$. Ao analisar as relações de transformação existentes entre os contrários, nota-se igualdade entre algumas delas:[40]

$$P = F;\ SP = SF;\ PF = L;\ SPF = S;$$

$$ST = FT;\ SPT = FPT;\ SFT = T;\ SPFT = PT$$

Quando "X" e "Y" são iguais como objetos de aplicação, na circunstância em que um for aplicado, o outro também pode ser; então se entende que X *é idêntico a* Y, assim como Y *é idêntico a* X. Em termos de notação, é visto como:

$$D = A, + A'$$

No conceito de *idêntico*, há uma subdivisão em *subidêntico* $(D,)$, *e.g.*, o homem é subidêntico ao animal, denotado como

$$D, = A, + O'$$

e *supraidêntico* (D'), em que um dos objetos é maior que o outro, *e.g.*, existem Xs que são mais que Ys, vão para além dele; esse caso é denotado como

$$D' = A' + O,$$

A mesma ideia também ocorre com os contrários deno-

---

[40]*Idem*, pp. 63-64.

Cap. 3. Pioneiros da matematização da lógica   137

tados como

$$C = E, + E'$$

assim como a subdivisão de *subcontrário*

$$C, = E, + I'$$

e *supracontrário*

$$C' = E' + I,[41]$$

Como modo de completar a linguagem, De Morgan apresenta A' como *supra-afirmação*; A, como *subafirmação*; E' como *supranegação*; E, como *subnegação*.

Após a análise de alguns trabalhos produzidos por De Morgan, nota-se que, ao inaugurar como simbolizar ideias e nomes, produz um sistema notacional, buscando a simplificação e rigorosidade, diferenciando sujeito e predicado por uma notação distinta, bem como as relações de contrários e contranominal, abordando também as relações de identidade, afirmação e negação.

3.3 A *Conceitografia* e as contribuições de Gottlob Frege

Os trabalhos desenvolvidos pelo filósofo Gottlob Frege (1848-1925), no tocante à matemática e à lógica, podem ser divididos em seis períodos: no primeiro período (1873-1883), ele desenvolve sua tese de doutorado (*Sobre uma re-*

---

[41]*Idem*, pp. 66-67.

presentação geométrica das figuras imaginárias no plano) e de livre-docência (*Métodos de cálculos baseados sobre uma extensão do conceito de grandeza*), que são o início para sua contribuição à lógica, por abordarem os conceitos e pressupostos básicos iniciais totalmente explicitados em matemática.

Em 1879, ciente das limitações da matemática de seu tempo, Frege busca desenvolver instrumentos que possibilitem superar tais problemas partindo de uma linguagem de fórmulas, excluindo a intuição e seguindo regras e noções que advêm da aritmética, o que culmina na sua obra *Conceitografia, uma linguagem formular do pensamento puro modelada sobre a da aritmética (Begriffsschrift)*.[42]

No segundo período (1884), publica sua obra *Os fundamentos da aritmética*, que tem como proposta discutir de maneira filosófica as bases fundacionais da aritmética, apresentando os conceitos oriundos de asserções, *i.e.*, os números são objetos ligados com os conceitos numéricos, sendo explicados por meio das noções de lógica formal.[43]

No terceiro período (1885-1892), Frege dedica-se a elucidar as dúvidas existentes em seus trabalhos anteriores, entre as quais: a questão da igualdade, o conteúdo significativo das expressões e sua substituição pelo valor de verdade. Com o intuito de resolver tais questões, ele publica os artigos "Função e conceito" (1891), "Sobre o sentido e a referência" (1892), "Sobre o conceito e o objeto" (1892) e "Digressões sobre o sentido e a referência" (1892-1895).[44]

---

[42]Frege, 2018, pp. 5-7.
[43]*Idem*, pp. 8-9.
[44]*Idem*, pp. 9-10.

Cap. 3. Pioneiros da matematização da lógica 139

No quarto período (1893-1903), Frege publica em dois volumes a obra *Grundgesetze der Arithmetik*, aprofundando a redução da aritmética à lógica iniciada em *Os fundamentos da aritmética* (1884) de maneira rigorosa aprofundada, ampliando dessa forma a própria *Conceitografia*. De 1903 a 1917, é considerado o quinto período fregeano, cujas publicações foram respostas às novas polêmicas sobre a fundamentação e os novos rumos do pensamento matemático.

Por fim, no sexto período (1918-1925), publica a obra *Investigações lógicas*, de aspecto mais reflexivo e exploratório. No final de sua vida, muda sua perspectiva e acredita que a aritmética é fundamentada na geometria, e não na lógica, publicando os textos "Números e aritmética" (1924-1925) e "Nova tentativa de fundamentar a aritmética" (1924-1925).

Para nosso propósito, a discussão fregeana da *Conceitografia* é crucial. Trata-se, como veremos, do primeiro projeto bem-sucedido a munir a lógica de uma linguagem rica o bastante para estender a teoria do silogismo em uma linguagem de primeira ordem, base do que constitui a lógica de predicados clássica.

3.3.1 A *Conceitografia*

Publicada em 1879, a *Conceitografia* (*Begriffsschrift*) de Frege tem um papel importante na história da lógica, principalmente na lógica matemática, por aprofundar as relações entre conceitos e proposições da matemática pela negação, conjunção, implicação, entre outras que são entendidas como *relações interproposicionais* (cálculo proposicional), e as

140 Projetos de matematização da lógica

noções de constante, variáveis, quantificação, argumento, compreendidas como *relações intraproposicionais* (cálculo de predicados).[45] Frege assim descreve suas motivações:

> Não era meu desejo apresentar uma lógica abstrata através de fórmulas, mas expressar um conteúdo mediante sinais escritos de maneira mais clara e precisa de que seria possível mediante palavras. Com efeito, desejava produzir não um mero *calculus ratiocinator*, mas uma *lingua characterica* em sentido leibniziano [que utiliza o termo *característica*].[46]

Dentre as dificuldades existentes, Frege aborda a questão da linguagem corrente (ou natural), que, a cada avanço de pensamento, se torna mais complexa, o que dificultava a exatidão exigida para a produção da conceitografia.

Por tal motivo, Frege buscou a elaboração de uma linguagem formular que fosse capaz de suprir as necessidades das já existentes, *e.g.*, a mudança dos termos *sujeito* e *predicado* por *argumento* e *função*, já que estes não possuiriam um vínculo intuitivo com o conceito gramatical.

> Creio que o melhor meio de elucidar a relação que se dá entre minha conceitografia e a linguagem corrente seria compará-la com a relação que ocorre entre o microscópio

---

[45]*Idem*, pp. 12-14.

[46]Frege, 2012, p. 181. De fato, aqui o trocadilho de Frege é totalmente apropriado. Em latim *characteris* remete a metal ou sinete com o qual se decalcavam nos animais sinais coloridos ou de gordura (*vide* Saraiva, 2000, p. 210). Com a moderna tipografia de tipos móveis, a escrita passa a ser característica, em que cada letra, numeral ou símbolo é impresso individualmente. Desse modo, a *lingua characteristica* apontava para uma linguagem de caracteres, que poderiam denotar mais precisamente, por meio de símbolos característicos, o conteúdo do pensamento.

Cap. 3. Pioneiros da matematização da lógica 141

e o olho. Este último, pela extensão de sua aplicabilidade e pela versatilidade de sua adaptação às mais diversas circunstâncias, é muito superior ao microscópio. Contudo, como um instrumento ótico, o olho possui, por certo, muitos inconvenientes, que passam comumente desapercebidos por força de seu estreito relacionamento com a nossa vida mental.De fato, se um objetivo científico exigir grande acuidade de resolução, o olho se mostra insuficiente. Por outro lado, o microscópio se afigura perfeitamente adequado para tais fins, embora seja, por isso mesmo, inadequado para outros.[47]

Para vislumbrar a lógica desenvolvida por Frege na *Conceitografia*, é necessário entender o seu sistema formal simbólico. Os primeiros a serem definidos são os *sinais*. Frege explica:

> divido todos os sinais que utilizo em *sinais com os quais se pode representar uma multiplicidade de coisas e sinais que têm um sentido totalmente determinado*. Os primeiros são as *letras* e servirão sobretudo para, não obstante sua indeterminação, expressar a *generalidade*. Mas devo insistir em que uma letra [em nosso sistema notacional] *retém*, no mesmo contexto, o significado que lhe foi dado.[48]

Seguindo na escrita formular de Frege, a noção de *juízo* apresenta-se como um conteúdo que possui um valor verdadeiro ou falso, *i.e.*, um conteúdo capaz de ser asserível, podendo ser quantificado (universal ou particular) e qualificado (verdadeiro ou falso). Para simbolizar um juízo, Frege usa um sinal para uma combinação de ideias utilizando o

---

[47]Frege, 2018, p. 18.
[48]*Idem*, p. 23.

traço do conteúdo (horizontal),

───

enquanto, para expressar um juízo, une-se o *traço do conteúdo* (horizontal) ao *traço do juízo* (vertical),[49]

⊢──

por exemplo,

$$── \sqrt{4} = 2$$

$$⊢── 2 + 2 = 4$$

Uma relação abordada por Frege em sua formalização é a *condicionalidade* representada por um traço na vertical, em que, apesar de não ser expressa pelo símbolo, a expressão "se" pode ser vinculada para uma conexão mais geral. Nota-se que os símbolos usados por Frege são utilizados de maneira a se unirem para representar uma dedução, o que configura uma representação bidimensional das fórmulas.[50] Assim, por exemplo,

e, ao denotar "se a Lua está em quadratura [com o Sol],

---

[49]Conhecido como o *martelo de Frege*, utilizado atualmente para denotar deduções.

[50]Devido à sua bidimensionalidade, a notação fregeana foi abandonada por não ser uma notação muito prática.

Cap. 3. Pioneiros da matematização da lógica 143

então ela parece um semicírculo", tem-se

Utilizando-se da notação moderna para os exemplos anteriores, tem-se, respectivamente, $A \to B$ e $\vdash A \to B$.

Tendo a concepção de condicionalidade bem nítida, Gottlob W. Frege desenvolve um modo de inferência único, diferentemente de Aristóteles com seus distintos modos. Ressalta-se que, ao expressar o juízo pelo modo "se M for válido e N for válido, então Λ também será válido", pretende evitar um psicologismo baseado em uma forma mais conveniente.[51] Esse modo é expresso em notação atual como $(M \wedge N) \vdash \Lambda$ e formalizado por Frege como:

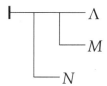

A *negação* também é uma parte essencial na *Conceitografia* e nos trabalhos posteriores a ela, pois dela decorrem a conjunção e disjunção. A negação, assim como os demais conectivos, é expressa por um traço na vertical na parte inferior da linha do conteúdo, *i.e.*,

---
[51] Frege, 2018, pp. 25-29.

enquanto, na notação atual "não é o caso que A", escreve-se ¬A.

A *disjunção* é compreendida como *inclusiva*, ou seja, em que ambos os conteúdos podem ser aceitos e *excludentes* quando ambos os conteúdos não podem coexistir. Respectivamente, expressos como:[52]

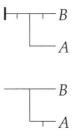

As fórmulas anteriores denotam, respectivamente, disjunção inclusiva e exclusiva, atualmente denotada como $A \vee B$ e $A \veebar B$.

A conjunção também possui uma distinção entre os termos *e* e *mas*, em que o primeiro se refere à união dos conteúdos, enquanto o segundo se refere àquilo que foi cogitado no princípio.[53] Tais conjunções expressas como $\vdash \neg(\neg B \to A)$ e $\vdash \neg(B \to A)$ são formuladas, segundo Frege, respectivamente, da seguinte forma:

---

[52]*Idem*, pp. 30-31.
[53]*Idem*, pp. 31-32.

Cap. 3. Pioneiros da matematização da lógica   145

Para o segundo caso (diferentemente do que foi cogitado no princípio), também pode ser usada a formalização a seguir:

É válido ressaltar que, na *Conceitografia*, tanto a disjunção como a conjunção são formadas e expressas por meio da concepção e notação de condicionalidade.

A noção de *identidade de conteúdo* (representada por ≡) também se faz necessária para a compreensão da linguagem formular desenvolvida pelo autor, pois refere-se à relação dos nomes produzindo uma dicotomia no significado dos sinais, podendo representar o seu conteúdo como também a si mesmo. Frege exemplifica a importância da identidade de conteúdo com um exemplo geométrico:

> Sobre a circunferência de um círculo, existe um ponto fixo A em torno do qual gira uma linha reta. Quando esta linha reta forma um diâmetro [do círculo], chamamos o extremo oposto do ponto A de ponto B, que corresponde a esta posição [da reta]. A seguir, denominaremos B o ponto de interseção das duas linhas [isto é, a interseção da circunferência com a reta] correspondente à posição da linha reta em cada instante de tempo. Este ponto B segue a regra segundo a qual às variações contínuas na posição da linha reta, devem sempre corresponder variações

contínuas da posição de B. Em consequência, o nome B significa algo indeterminado à medida em que não se especifique a posição correspondente da linha reta. Pode-se agora perguntar: a que ponto corresponde a posição da linha reta, quando esta for perpendicular ao diâmetro? A resposta será: ao ponto A. Neste caso, portanto, o nome B tem o mesmo conteúdo que o nome A; e, não obstante, não poderíamos usar, de antemão, um único nome, pois a justificação para assim proceder é dada inicialmente pela resposta [acima].[54]

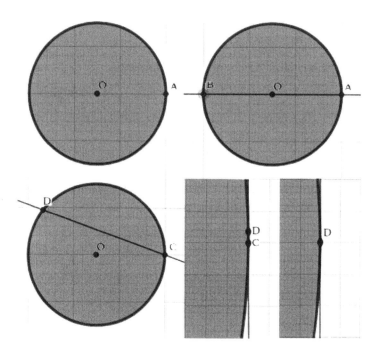

Figura 3.1: Representação do exemplo de identidade de conteúdo.

A importância dessa noção pode ser entendida desta maneira:

[54]*Idem*, p. 33.

Cap. 3. Pioneiros da matematização da lógica 147

> um mesmo conteúdo pode ser plenamente determinado de modos diferentes; mas o fato de que de, em um caso particular, a mesma [coisa] seja efetivamente dada por meio de dois modos de determinação, é o conteúdo de um juízo. [...] Disso, segue que nomes diferentes para o mesmo conteúdo nem sempre são uma mera questão irrelevante de forma; pelo contrário, eles atingem a própria essência da coisa, quando se [sic] eles estão associados a modos diferentes de determinação [do conteúdo].[55]

Na escrita formular de Frege, essa relação denota-se por

$$\vdash (A \equiv B)$$

e em notação atual por

$$\vdash A \leftrightarrow B$$

Quando os sinais A e B possuírem o mesmo conteúdo conceitual, pode-se substituir um pelo outro.

Utilizando-se de uma noção matemática, Frege define outra parte importante de sua lógica, a noção de *função*. As funções referem-se à parte invariante de expressões compostas, que não precisam ter seu conteúdo asserível, juntamente com uma parte variante que é denominada *argumento*, *e.g.*,

$$\log 100$$

em que "log" é a função e "100" é o argumento. Faz-se necessário que as expressões sejam decompostas para análise

---

[55]*Idem, ibidem.*

segundo seu conteúdo, pois tanto a função quanto o argumento devem ser plenamente determinados, porque, se não forem, a distinção torna-se *conteudista*.

A forma de representar tais casos é dada com uma letra que representa a expressão e outra contida entre parênteses que se refere ao(s) argumento(s);[56] por exemplo,

$$\Phi(A, B)$$

Por fim, o tópico da *generalidade* faz-se necessário para compreender por completo a formalização desenvolvida por Frege. A generalidade diz respeito aos juízos das funções vistas como fatos, *i.e.*, servem para todos os casos. Sua formalização é dada pelo traço do conteúdo com uma concavidade juntamente com uma letra gótica que representa a inalteração da asserção feita pela combinação de sinais, inclusive como sinal funcional, delimitando assim o escopo da generalidade. Nota-se que o traço do conteúdo à esquerda da concavidade se refere à função em que $\mathfrak{a}$ é indeterminado e à direita $\mathfrak{a}$ como determinado.[57] Assim,

$$\vdash^{\mathfrak{a}} \Phi(\mathfrak{a})$$

denota o mesmo que expressamos por

$$\forall a(f(a))$$

---

[56]*Idem*, pp. 34-36.
[57]*Idem*, pp. 37-41.

Cap. 3. Pioneiros da matematização da lógica 149

Ao compararmos a formalização da generalidade com o quadrado lógico das oposições, obtemos a representação a seguir (Figura 3.2).

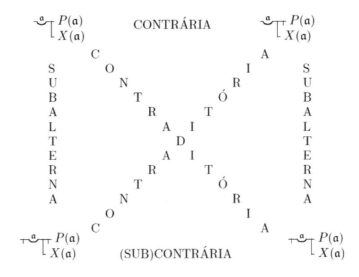

Figura 3.2: Quadrado lógico das oposições e do formalismo de Frege (adaptada de Frege, 2018).

Dada a formalização dos conceitos básicos desenvolvidos na *Conceitografia* (*sinais, conteúdo, juízo, condicionalidade, conjunção, disjunção, identidade de conteúdo, função* e *generalidade*), a concatenação desses conceitos permite sua utilização para deduções e raciocínios de maneira segura e eficaz.

Ao término da explanação sobre alguns trabalhos de Frege, principalmente a *Conceitografia*, pode-se notar a relevância histórica e de avanço no desenvolvimento de uma linguagem formular na lógica, visto a elaboração de uma denotação, inspirada nos trabalhos de Leibniz, com perspectivas de alcançar a *lingua characteristica universalis*,

150   Projetos de matematização da lógica

cujas relações se baseiam na implicação e negação vinculadas com os conceitos de conteúdos e juízos.

Destaca-se a permanência do martelo de Frege com o
intuito de denotar deduções; contudo, é válido lembrar que
a denotação bidimensional desenvolvida por ele não obteve
tanto uso como a denotação linear revitalizada nos trabalhos
de Giuseppe Peano.

3.4   Os formulários de Giuseppe Peano

Giuseppe Peano (1858-1932) foi um matemático logicista
italiano, que iniciou seus estudos na Universidade de Turim,
em 1876, no curso de engenharia; contudo, transferiu-se
depois para o curso de matemática, tendo como professor
Angelo Genocchi. Após concluir o curso, tornou-se professor assistente na mesma universidade e, em 1884, publica
com seu professor Genocchi sua primeira obra, *Calcolo dif-*
ferenziale e principii di calcolo integrale (Cálculo diferencial e
princípios de cálculo integral), apresentando os teoremas
usuais da matemática de maneira aperfeiçoada, buscando
uma demonstração que não fosse baseada em recursos in-
tuitivos.

Em seus trabalhos posteriores, Peano apresenta contribuições significativas para o desenvolvimento da aritmética
e da lógica, com o intuito de axiomatizá-las, travando con-
tato com as teorias de Boole e Schröder.[58] Em 1886, ele assume o cargo de professor na Academia Militar Real, sendo

---

[58]Peano, 1889, p. 86.

Cap. 3. Pioneiros da matematização da lógica 151

forçado a renunciar a esse cargo em 1901.

Em uma tentativa de resolver o problema da linguagem, Peano busca estruturar uma linguagem universal para ser utilizada pela comunidade científica. A princípio, utilizou o latim, que, posteriormente, foi alterado para o *latim sem flexão*, que suprimia algumas flexões gramaticais e outras variações sintáticas típicas da língua latina, além de incorporar palavras do inglês, francês, italiano e alemão, resultando no "Vocabulário interlíngua" em 1903, e em 1908 é fundada a Academia Interlíngua, tendo Peano como seu primeiro presidente.

Assim como Frege, Peano emprega um simbolismo lógico, assimilando-o ao simbolismo matemático na busca de uma linguagem sem ambiguidades.[59] Nesse desenvolvimento, nota-se a utilização de símbolos com denotações diferentes para operações lógicas e matemáticas, inspirada no alfabeto estenográfico[60] de Franz Xaver Gabelsberger (1789-1849),[61] bem como a distinção entre proposições categóricas e condicionais, possibilitando uma teoria de quantificação assim como distintos cálculos lógicos.

Contudo, ressalta-se uma problemática encontrada em seus trabalhos, pois Peano não deriva as fórmulas apresentadas, delas faz apenas uma listagem, tendo em vista que as regras de derivação não são dadas, logo a passagem de

---

[59]Blanché, 1996, p. 325.

[60]Entende-se estenografia ou taquigrafia como o método de abreviação da escrita, com o objetivo de ser mais ágil de redigi-la do que a escrita-padrão, usada e muito difundida nos meios jornalísticos e jurídicos.

[61]Blanché, 1996, p. 327.

152 Projetos de matematização da lógica

uma fórmula à outra é intuitiva, e não dedutiva.[62]

Entre as obras elaboradas por Peano, após assumir seu cargo de professor efetivo, destacam-se *Arithmetices principia, nova methodo exposita* (Princípios aritméticos por um novo método expositivo) (1889) e as cinco edições do *Formulaire de mathématiques* (Formulário de matemática) (1895, 1897, 1901, 1903, 1905), que serão abordadas nesta seção.

3.4.1 A aritmética e o novo método expositivo

Na obra *Arithmetices principia, nova methodo exposita*, Peano explicita as motivações que o levaram ao desenvolvimento dessa obra:

> As questões que pertencem aos fundamentos da matemática, embora tratadas por muitos nos últimos tempos, ainda carecem de uma solução satisfatória. A principal fonte de dificuldade é a ambiguidade da linguagem. É por isso que é da maior importância examinar atentamente as próprias palavras que usamos. Meu objetivo foi realizar esse exame e, neste artigo, estou apresentando os resultados do meu estudo, bem como algumas aplicações à aritmética.[63]

---

[62]Van Heijenoort, *in:* Peano, 1889, pp. 83-84.

[63]Peano, 1889, p. 85: "Questions that pertain to the fundations of mathematics, although treated by many in recent times, still lack a satisfactory solution. The difficulty has its main source in the amibguity of language. That is why it is of the utmost importance to examine attentively the very words we use. My goalhas been to undertake this examination, and in this paper I am presenting the results of my study, as well as some applications to arithmetic". A versão desse texto encontra-se na obra *From Frege to Gödel* de Van Heijenoort, 1967.

Cap. 3. Pioneiros da matematização da lógica 153

Nessa mesma obra, Peano utiliza como ferramenta para seus estudos os *sinais* (*signa*) que expressam todas as ideias que ocorrem nos princípios da aritmética, sendo também utilizados nos enunciados das proposições. Ao utilizar esses sinais, o autor visa expressar formalmente as proposições como equações algébricas e, assim como nas deduções de proposições, essa denotação permite a solução dessas equações.[64]

Os sinais utilizados por Peano em seus trabalhos são apresentados a seguir (Tabela 3.2).

Função	Sinal	Exemplo
Objetos indeterminados	$a, b, \ldots, x, y, \ldots$	ab
Objetos determinados	P, K, N, ...	NP
Divisão de fórmulas	$.\ :\ \therefore$	$ab.cd\ :\ ef\ \therefore\ k,\ i.e.,$ $(((ab)(cd))(ef))k$

Tabela 3.2: Tabela dos sinais utilizados por Peano.

No que se refere às proposições, Peano denota as relações de conjunção, disjunção, negação, as ideias de verdade e de falsidade total, consequências e dedução. Apesar de o autor apresentar os sinais utilizados para a consequência e para a identidade, ele alerta que ambos os sinais não são utilizados em seu desenvolvimento; sendo assim, as notações utilizadas são apresentadas na Tabela 3.3.

Tendo introduzido seu sistema simbólico, Peano apresenta 43 proposições lógicas obtidas em suas análises. Numa série de tabelas, apresentamos os resultados enumerados assumidos válidos por Peano.

---

[64]*Idem, ibidem.*

154 Projetos de matematização da lógica

Função	Sinal	Exemplo de Peano
Proposição	$\mathbf{P}$ ...	$\mathbf{P}$ é "Toda ave tem bico."
Negação	-	$-a$
Conjunção (E)	$\cap$	$a \cap b$, ou apenas ab
Disjunção (OU)	$\cup$	$a \cup b$ ou $-:-a.-b$
Identidade (verdade)	V	Va
Absurdo (falso)	Λ	Λa
Consequência	$\mathbf{C}$	$a\mathbf{C}b$
Dedução	$\supset$	$a\supset b$
Igualdade	$=$	$a = b$ ou $a\supset b.b\supset a$
Relação	α	Ao invés de $-.a\alpha b$, usa-se $a - \alpha b$
Não igualdade	$- =$	$a- =_x \Lambda$, $i.e.$, x satisfaz a condição de a
Não dedução	$-\supset$	$b - \supset a$

Tabela 3.3: Sinais utilizados por Peano para denotar as proposições.

Notação de Peano	Notação atual
1) $a \supset a$	$a \to a$
2) $a \supset b.b \supset c : \supset .a \supset c$	$((a \to b) \wedge (b \to c)) \to (a \to c)$
3) $a = b. =: a \supset b.b \supset a$	$(a = b) = ((a \to b) \wedge (b \to a))$
4) $a = a$	$a = a$
5) $a = b. = .b = a$	$(a = b) = (b = a)$
6) $a = b.b \supset c : \supset .a \supset c$	$((a = b) \wedge (b \to c)) \to (a \to c)$
7) $a \supset b.b = c : \supset .a \supset c$	$((a \to b) \wedge (b = c)) \to (a \to c)$
8) $a = b.b = c : \supset .a = c$	$((a = b) \wedge (b = c)) \to (a = c)$
9) $a = b.\supset .a \supset b$	$(a = b) \to (a \to b)$
10) $a = b.\supset .b \supset a$	$(a = b) \to (b \to a)$

Tabela 3.4: Primeiro grupo de proposições de acordo com Peano (1889).

Na Tabela 3.4, verifica-se que algumas dessas proposições são leis ou tautologias do cálculo proposicional clássico, sendo elas: as apresentações das leis de identidade em forma implicativa (1) e como relação de igualdade (4); as leis de transitividade da dedução ou uma apresentação da Lei do Silogismo com relação à implicação lógica (2); a propriedade comutativa da igualdade (5) e a transitividade

Cap. 3. Pioneiros da matematização da lógica   155

por igualdade descrevem a interação lógica entre igualdade e dedução (6, 7 e 8); a igualdade expressa em termos de dedução lógica (3, 9 e 10), o que na sistematização atual da lógica de predicados se assimila à bi-implicação.

O segundo grupo de proposições (Tabela 3.5) apresenta as interações da dedução e da identidade, relações fundamentais na notação sistemática de Peano, agora acrescida na interação com a conjunção lógica.

Notação de Peano	Notação atual
11) $ab \supset a$	$a \wedge b \to a$
12) $ab = ba$	$a \wedge b = b \wedge a$
13) $a(bc) = (ab)c = abc$	$a \wedge (b \wedge c) = (a \wedge b) \wedge c = a \wedge b \wedge c$
14) $aa = a$	$a \wedge a = a$
15) $a = b . \supset . ac = bc$	$(a = b) \to (a \wedge c) = (b \wedge c)$
16) $a \supset b . \supset . ac \supset bc$	$(a \to b) \to ((a \wedge c) \to (b \wedge c))$
17) $a \supset b . c \supset d : \supset . ac \supset bd$	$((a \to b) \wedge (c \to d)) \to ((a \wedge c) \to (b \wedge d))$
18) $a \supset b . a \supset c := .a \supset bc$	$((a \to b) \wedge (a \to c)) = (a \to (b \wedge c))$
19) $a = b . c = d : \supset . ac = bd$	$((a = b) \wedge (c = d)) \to ((a \wedge c) = (b \wedge d))$

Tabela 3.5: Segundo grupo de proposições de acordo com Peano (1889).

No que se refere ao segundo grupo de proposições, inscritos na Tabela 3.5, encontramos enunciados equivalentes à lei da simplificação da conjunção (11), propriedade de comutatividade da conjunção (12), propriedade associativa da conjunção (13), propriedade de idempotência da conjunção (14), propriedade de transitividade por igualdade com relação à conjunção (15), propriedade de transitividade por dedução (16), propriedade associativa da relação de dedução e conjunção (17), composição conjuntiva de consequentes (18), propriedade de interpolação entre igualdade e conjunção (19).

156 Projetos de matematização da lógica

Na Tabela 3.6, Peano apresenta as propriedades da operação de negação lógica, ao enunciar as seguintes proposições:

Notação de Peano	Notação atual
20) $-(-a) = a$	$\neg(\neg a) = a$
21) $a = b. = . - a = -b$	$(a = b) = (\neg a = \neg b)$
22) $a \supset b. = . - b \supset - a$	$(a \to b) = (\neg b \to \neg a)$

Tabela 3.6: Terceiro grupo de proposições de acordo com Peano (1889).

Desse terceiro grupo de proposições, podemos extrair as leis de dupla negação (forte ou clássica) (20), fecho da equivalência lógica em negação (21) e contraposição (22). No quarto grupo de proposições, Peano expande seus resultados anteriores com a inclusão da operação de disjunção lógica entre seus resultados (Tabela 3.7).

Notação de Peano	Notação atual
23) $a \cup b. =\therefore - : -a. - b$	$(a \vee b) = (\neg((\neg a) \wedge (\neg b)))$
24) $-(ab) = (-a) \cup (-b)$	$\neg(a \wedge b) = (\neg a) \vee (\neg b)$
25) $-(a \cup b) = (-a)(-b)$	$\neg(a \vee b) = ((\neg a) \wedge (\neg b))$
26) $a \supset . a \cup b$	$a \to (a \vee b)$
27) $a \cup b = b \cup a$	$(a \vee b) = (b \vee a)$
28) $a \cup (b \cup c) = (a \cup b) \cup c = a \cup b \cup c$	$(a \vee (b \vee c)) = ((a \vee b) \vee c) = (a \vee b \vee c)$
29) $a \cup a = a$	$a \vee a = a$
30) $a(b \cup c) = ab \cup ac$	$a \wedge (b \vee c) = (a \wedge b) \vee (a \wedge c)$
31) $a = b. \supset . a \cup c = b \cup c$	$((a = b) \to (a \vee c)) = (b \vee c)$
32) $a \supset b. \supset . a \cup c \supset b \cup c$	$(a \to b) \to ((a \vee c) \to (b \vee c))$
33) $a \supset b. c \supset d : \supset : a \cup c. \supset . b \cup d$	$((a \to b) \wedge (c \to d)) \to ((a \vee c) \to (b \vee d))$
34) $b \supset a. c \supset a := . b \cup c \supset a$	$((b \to a) \wedge (c \to a)) = ((b \vee c) \to a)$

Tabela 3.7: Quarto grupo de proposições de acordo com Peano (1889).

Dessa tabela podemos extrair as seguintes regras do cálculo proposicional enfatizando o conectivo da disjun-

Cap. 3. Pioneiros da matematização da lógica 157

ção inclusiva (ou): interdefinição de disjunção em termos de conjunção e negação (23), trata-se de um resultado notável no qual a interdefinição de conectivos lógicos aparece no estágio inicial da lógica proposicional clássica atual, nos enunciados seguintes (24 e 25), as leis de De Morgan são apresentadas; na sequência, Peano introduz a lei da adição (26), a propriedade de comutatividade da disjunção (27), a propriedade associativa da disjunção (28), a propriedade da idempotênciada da disjunção (29), a propriedade distributiva da conjunção em termos de disjunção (30), a propriedade de expansão em termos de igualdade (31), a propriedade de expansão em termos de dedução (32), uma variante de dilema construtivo (33) e composição disjuntiva de antecedentes (34).

O quinto grupo de proposições apresenta resultados lógicos de cunho claramente algébrico. Cabe ressaltar que Peano se localiza em um estágio do desenvolvimento da lógica moderna, em que as abordagens inferencialista e algébrica se encontram combinadas, a abordagem inferencialista em lógica remonta à *Conceitografia* de Frege, enquanto a abordagem algébrica em lógica descende das contribuições de Boole e De Morgan (Tabela 3.8).

Na Tabela 3.8, Peano enuncia resultados relativos à teoria de classes: a subtração de todos os elementos resulta no conjunto vazio (35); a conjunção de um elemento com a classe vazia resulta no conjunto vazio (36); a disjunção de um elemento com a classe vazia resulta naquele elemento (37); se um elemento implicar a classe vazia é o mesmo

158 Projetos de matematização da lógica

Notação de Peano	Notação atual
35) $a - a = \Lambda$	$a - a = \emptyset$ ou $a - a = \perp$
36) $a\Lambda = \Lambda$	$a \wedge \emptyset = \emptyset$ ou $a \wedge \perp = \perp$
37) $a \cup \Lambda = a$	$a \vee \emptyset = a$
38) $(a \supset \Lambda) = (a = \Lambda)$	$(a \rightarrow \emptyset) = (a = \emptyset)$
39) $a \supset b. = .a - b = \Lambda$	$(a \rightarrow b) = (a - b = \emptyset)$
40) $\Lambda \supset a$	$\emptyset \rightarrow a$
41) $a \cup b = \Lambda. =: a = \Lambda.b = \Lambda$	$(a \vee b = \emptyset) = ((a = \emptyset) \wedge (b = \emptyset))$

Tabela 3.8: Quinto grupo de proposições de acordo com Peano (1889).

que o elemento ser a classe vazia (38); se o elemento a implicar o elemento b, e essa implicação tiver o mesmo caráter de subtração entre eles, o resultado será a classe vazia ou ainda que uma relação de dedução da qual se extrai o consequente é vazia (falsa) (39); da classe vazia deduzem-se quaisquer elementos, uma forma da lei conhecida como *ex falso sequitur quodlibet* (40); e, se da disjunção entre os elementos a e b resultar a classe vazia, isso significa que ambos os elementos são iguais à classe vazia (41), *i.e.*, Peano afirma que a disjunção falsa se deve ao fato de cada um dos disjuntos serem falsos.

Por fim, no último grupo de proposições apresentado por Peano (Tabela 3.9), encontramos as leis lógicas de (42) exportação e (43) transitividade da dedução em termos de conjunção e igualdade.

Notação de Peano	Notação atual
42) $a \supset .b \supset c := ab \supset c$	$(a \rightarrow (b \rightarrow c)) = ((a \wedge b) \rightarrow c)$
43) $a \supset b = c := .ab = ac$	$(a \rightarrow (b = c)) = (a \wedge b = a \wedge c)$

Tabela 3.9: Sexto grupo de proposições de acordo com Peano (1889).

Cap. 3. Pioneiros da matematização da lógica 159

Como apresentado anteriormente, Peano dedica-se também ao estudo da teoria de classes e para tal o nosso autor desenvolve uma simbologia especial.

Ressalta-se, contudo, que alguns dos símbolos utilizados por ele já foram apresentados anteriormente, mas, quando utilizados no contexto dessa teoria, eles ganham outro significado; portanto, Peano representa os símbolos seguintes (Tabela 3.10).

Função	Sinal	Exemplo
Classe	**K**	**K** é a classe dos quadrúpedes
Pertencimento	ε	$a \, \varepsilon \, b, a$ é um b
Não pertencimento	$-\varepsilon$	$a - \varepsilon \, b$
Pertencimento de elementos	$a, b, \ldots, \varepsilon \, m$	$a, b, c \quad \varepsilon \quad m. \quad =:$ $a \, \varepsilon \, m.b \, \varepsilon \, m.c \, \varepsilon \, m$
Complemento	$-a$	$a \, \varepsilon \, K. \supset: x \, \varepsilon \, - a. =$ $.x - \varepsilon \, a$
Classe vazia	Λ	$a \, \varepsilon \, K. \supset \therefore a = \Lambda :=:$ $x \, \varepsilon a. =_x \Lambda$
Contém	$\supset$	$a, b \, \varepsilon K. \supset \therefore a \supset b :=:$ $x \, \varepsilon a. \supset_x .x \, \varepsilon b$
Inversão	$[\,]$	$[x\varepsilon]a$, as soluções para condição de a
Composição		$[(x, y)\varepsilon]\alpha$
Substituição	$x'[x]\alpha$	$x'[x]\alpha$, em que x substitui x' em α

Tabela 3.10: Notação para teoria de classes de acordo com Peano (1889).

Na notação introduzida na teoria de classes, Peano distingue a relação de pertinência da relação de inclusão, respeitando um fato fundamental em teoria de conjuntos, o de que a pertinência, enquanto um símbolo primitivo, é a relação a partir da qual todas as outras relações se definem, assim como a relação de inclusão.

160   Projetos de matematização da lógica

Na teoria de conjuntos de Zermelo-Frankel, denota-se em símbolos,

$$x \subseteq y \Leftrightarrow \forall z \, (z \in x \rightarrow z \in y)$$

Dentre as relações apresentadas nas classes, é válido apresentar a distinção entre pertencimento e inclusão, assim como indica Blanché:

> Nada impede aliás de olhar, de um certo ponto de vista, uma classe como um indivíduo, com os caracteres que lhe convêm como totalidade, mas é precisamente por isso que é particularmente importante fazer a distinção entre pertinência e inclusão, quando o sujeito da proposição designa já uma classe. *Os apóstolos são doze* não tem a mesma estrutura nem as mesmas propriedades lógicas que *Os apóstolos de Jesus*; não pode daí concluir-se, por exemplo, que João sendo apóstolo é doze.[65]

Em "Princípios aritméticos", Peano também apresenta a estrutura da sua teoria dos números. Primeiramente, ele distingue dois tipos de proposições: *teoremas*, proposições que são deduzidas de outras proposições, e *axiomas*, que são aquelas proposições que não são deduzidas, contudo, aceitas.

Para fundamentar sua apresentação da aritmética, Peano introduz nove axiomas, bem como explicita as notações, as definições e os teoremas decorrentes.[66] A notação utilizada pelo autor consiste em:

---

[65]Blanché, 1996, pp. 327-328.
[66]Peano, 1889, pp. 85-86.

Cap. 3. Pioneiros da matematização da lógica   161

- ○ "**N**" número inteiro positivo;

- ○ "1" unidade;

- ○ "$a + 1$" sucessor de a;

- ○ "=" relação de igualdade.

Um exemplo de *definição* apresentado por Peano é a definição de sucessor, *i.e.*,

$$2 = 1 + 1;\ 3 = 2 + 1;\ 4 = 3 + 1;\ \ldots$$

Sabendo das notações utilizadas pelo autor e sua definição de sucessor, passa-se ao desenvolvimento de seus axiomas, sendo eles:

1. $1\ \varepsilon\ N$

2. $a\ \varepsilon\ N.\supset.a = a$

3. $a, b\ \varepsilon\ N.\supset : a = b. = .b = a$

4. $a, b, c\ \varepsilon\ N.\supset \therefore a = b.b = c : \supset.a = c$

5. $a = b.b\ \varepsilon\ N : \supset.a\ \varepsilon\ N$

6. $a\ \varepsilon\ N.\supset a + 1\ \varepsilon\ N$

7. $a, b\ \varepsilon\ N.\supset : a = b. = .a + 1 = b + 1$

8. $a\ \varepsilon\ N.\supset.a + 1 - = 1$

9. $k\ \varepsilon\ N \therefore 1\ \varepsilon\ N \therefore x\ \varepsilon\ N.x\ \varepsilon\ k : \supset_x.x + 1\ \varepsilon\ k\supset.N\supset k$

162 Projetos de matematização da lógica

Dos axiomas apresentados por Peano, é possível fazer as seguintes análises. O primeiro axioma determina que a unidade pertence à classe dos números; o próximo axioma expressa que, se a pertencer à classe dos números, o número a é igual a ele mesmo (entendido como axioma identidade). O terceiro axioma enuncia que, sendo a e b pertencentes à classe dos números, vige entre a e b a propriedade comutativa da relação de igualdade.

No quarto axioma, Peano explicita que, sendo a, b, c pertencentes à classe dos números, vige entre eles a propriedade de transitividade da igualdade. No quinto axioma, vê-se que, se $a = b$ e b pertence à classe dos números, então a também pertence à classe dos números. O sexto axioma explicita que, se a é número, o sucessor de a também é.

O sétimo axioma aborda a igualdade de sucessores, *i.e.*, sendo a e b pertencentes à classe dos números e $a = b$, deduz-se que o sucessor de a é igual ao sucessor de b. O oitavo axioma difere do sucessor de unidade estabelecendo-a bem definida, *i.e.*, sendo a pertencente à classe dos números, deduz-se que seu sucessor não é igual a unidade; por fim o nono axioma determina que, sendo x pertencente a uma classe, a unidade pertencente ao elemento k, x pertencente à classe dos números, x pertencente ao elemento k, deduz-se que, para qualquer sucessor de x pertencente ao elemento k, ocorre o elemento k da classe dos números.

A título de exemplificação, apresentamos a dedução de um dos teoremas desenvolvidos por Peano sobre o número em que o autor prova que "$2 \varepsilon N$", como vemos a seguir:

Cap. 3. Pioneiros da matematização da lógica 163

$P1. \supset$:	$1 \, \varepsilon \, N$	(1)
$1[a](P6).\supset$:	$1 \, \varepsilon \, N. \supset .1 + 1 \, \varepsilon \, N$	(2)
$(1)(2).\supset$:	$1 + 1 \, \varepsilon \, N$	(3)
$P10.\supset$:	$2 = 1 + 1$	(4)
$(4).(3).(2, 1 + 1)[a, b](P5) : \supset$:	$2 \, \varepsilon \, N$	Teorema

De maneira vernácula, pode-se dizer que é possível provar que $2 \, \varepsilon \, N$ (2 pertence à classe dos números inteiros positivos) seguindo cinco passos a partir dos axiomas de Peano, declarando que (1) se toma como ponto de partida o primeiro axioma, que enuncia que 1 é unidade; (2) se toma o sexto e tem-se que o sucessor de *a* também pertence à classe dos números; no terceiro passo, tem-se que de (1) e (2) se deduz que 1 + 1 pertence à classe do números (por *Modus Ponens*[67]); no quarto, introduz-se o número 2 como sucessor de 1 (2 = 1+1) e pode-se deduzir do teorema que $2 \, \varepsilon \, N$, pois, ao analisarmos os resultados de (4), (3), (2) e substituirmos *a por número 2* e *b por 1+1*, no quinto axioma (se um *a* que pertence a *N* e *a* = *b*, logo *b* também pertence a *N*) esses resultados propiciam tal conclusão.

A introdução do estilo notacional de Peano é um evento importante na história do desenvolvimento notacional em lógica.

Como ressalta Blanché,

> vê-se que a introdução da língua simbólica de Peano não se reduz a uma simples mudança de escrita, e que seu interesse não se limita ao facto dela ter servido de ponto de partida à simbólica russeliana. Aplicando-nos a traduzir em símbolos precisos as relações matemáticas e os trâmites

---

[67]Nota-se que o *Modus Ponens* não é enunciado como regra de inferência explicitamente, pelo menos em "Princípios aritméticos".

164 Projetos de matematização da lógica

das demonstrações, vemo-nos na obrigação de estabelecer distinções ou noções até então despercebidas.[68]

3.4.2 *Formulaire de mathématiques*

O desenvolvimento do(s) "Formulário(s) de matemática" ocorreu pela necessidade de organizar as sequências dedutivas, doravante expressas, de forma simbólica e com novos padrões de rigor. Os "Formulários" fizeram parte da *Revista di Matematica* em 1891, tendo oito edições, com diversas contribuições de Cesare Burali-Forti (1861-1931), Giulio Vivanti (1859-1949), Rodolfo Bettazzi (1861-1941), entre outros. Como o próprio Peano comenta,

> o objetivo do "Formulário de matemática" é publicar proposições conhecidas sobre vários assuntos das ciências matemáticas. Essas proposições são expressas em fórmulas pelas notações da *lógica matemática*, explicadas na Introdução ao "Formulário". Os testes das primeiras partes do "Formulário" apareceram como suplementos à *Revista di Matematica* em 1892.[69]

Em 1895, após assumir seu cargo de professor ordinário, Peano publica o primeiro volume dos "Formulários"

---

[68]Blanché, 1996, p. 328.

[69]Peano, 1895, p. 3: "Le *Formulaire de Mathématiques* a pour but de publier les propositions connues sur plusieurs sujets des sciences mathématiques. Ces propositions sont exprimées en formulaires parles notations de la Logique mathématique, expliquées dans l'Introduction au *Formulaire*. Des essais des premières parties du *Formulaire*, ont paru comme suplémensts de la *Revista di Matematica* em 1892" (grifo nosso).

Cap. 3. Pioneiros da matematização da lógica 165

com nove seções: Lógica Matemática;[70] Operações Algébricas; Operações Aritméticas; Teoria das Grandezas (por Burali-Forti); Classe dos Números; Teoria dos Conjuntos (por Vivanti); Limites (por Bettazzi); Séries (por Giudice); Contribuições à Teoria dos Números Algébricos (por Fano).

No "Formulário" de 1901, há uma divisão em cinco partes: Lógica Matemática; Aritmética; Funções Analíticas; Números Complexos; Vetores. Na seção destinada à lógica, Peano apresenta o simbolismo utilizado por ele para denotar as proposições, a relação de negação e de implicação, a quantificação universal, entre outros que mais tarde seriam vistos nos trabalhos de Whitehead e Russell no *Principia mathematica* publicado de 1910 a 1913.

No Prefácio desse volume do "Formulário", Peano apresenta uma breve história da notação simbólica partindo da representação dos números $(1, 2, 3 \ldots)$, seguidos pelos símbolos operacionais da aritmética $(+, -, =, <, >, \pi, \Sigma, \lim$, entre outros) que permitiram expressar completamente qualquer proposição, *e.g.*,

$$\lim_{n=\infty} \left(1 + \frac{1}{n}\right)^n = e;$$

Peano[71] compreende que é papel da lógica matemática o estudo das propriedades das operações, bem como as relações

---

[70]Destaca-se que esta é uma das primeiras ocorrências desse termo na era atual.

[71]Essa notação é encontrada no "Formulário" do ano de 1901; contudo, atualmente a expressão utilizada para expressar o número de Euler é $\lim_{n\to\infty} \left(1 + \frac{1}{n}\right)^n = e$.

166   Projetos de matematização da lógica

lógicas indicadas pelos símbolos, e declara que foi Leibniz (apesar de também serem encontrados em Aristóteles) o responsável por fundar a lógica matemática e apresentar as propriedades das ideias expressas por símbolos.[72]

De acordo com Peano, na obra *Opera philosophica*, vê-se que Leibniz tinha como objetivo

> criar uma maneira "geral especial", em que todas as verdades da razão seriam reduzidas a uma forma de cálculo. Poderia até ser uma maneira de linguagem ou escrita universal, mas infinitamente diferente de todas as que foram planejadas até agora; porque os caracteres e as próprias palavras direcionariam a Razão para lá: e os erros, exceto os de fato, não seriam senão erros de cálculo. Seria muito difícil formar ou inventar essa linguagem característica: mas muito fácil aprendê-la sem quaisquer dicionários.[73]

Porém, Leibniz e Peano percebem que o projeto não foi concluído, sendo publicados os resultados incompletos por Erdmann (1840) e Gerhardt (1875) posteriormente à morte de Leibniz. De acordo com Peano, Leibniz não teve sucessores imediatos; contudo, pode-se ver traços de sua obra em Johann Heinrich Lambert (1728-1777), Boole (1815-1864), De Morgan (1806-1871), Ernst Schröder (1841-1902), Hugh MacColl (1837-1909), entre outros.

---

[72]Peano, 1901, p. 3.

[73]*Idem*, pp. 3-4: "créer une manière de 'Spécieuse Général', oú toutes les vérités de raison seroient réduites á une façon de calcul. Ce pourroit être en mêmes tems une maniére de Langue ou d'Ecriture universelle, mais infiniment diff'rente de toutes celles qu'on a projet'es jusqu'ici; car les caracteres, et les paroles mêmes, y dirigeroient la Raison: et les erreurs exeepté celles de fait, n'y seroient que des erreurs de calcul. Il seroit três difficile de former ou d'inventer cette langue on catèristique: mais três aisé de l'apprendre sans aucuns dictionnaires".

Cap. 3. Pioneiros da matematização da lógica 167

Nota-se que, desde "Princípios aritméticos", a simbolização e a notação para lógica utilizadas por Peano pouco mudam no decorrer dos artigos e em diversas edições dos "Formulários matemáticos" apresentados por ele, *i.e.*, o significado dos símbolos é constante no contexto em que o autor trabalha, *e.g.*, a utilização dos parênteses (substitutos das barras inferiores como visto em frações) tem como objetivo mostrar agrupamentos, logo não haverá proposições que contêm apenas uma variável.[74]

No primeiro capítulo dos "Formulários", que tinha como objetivo apresentar a lógica matemática, Peano reconhece que nos textos de Aristóteles também há uma utilização de letras para indicar as variáveis que representam as ideias da lógica e em Euclides para indicar os pontos, retas, nomes, entre outros.

Dentre as definições apresentadas por Peano, encontra-se a de *proposição categórica*, sendo aquela que não contém letras variáveis, *e.g.*, pode-se entender os teoremas e as definições como proposições categóricas. Esses tipos de proposições não são objetos do cálculo lógico, mas, quando as proposições contêm variáveis reais, tais proposições são consideradas *condicionais*.

Os números 1, 2, 3, 4 etc. assumem o papel das palavras "isto, aquilo, o mesmo, primeiro, segundo", que desempenham papel de variáveis em linguagem comum, e tal substituição permite evitar as ambiguidades.[75]

---

[74]*Idem*, p. 3.
[75]*Idem*, p. 2.

168   Projetos de matematização da lógica

Ao abordar as relações entre as classes nos "Formulários", Peano utiliza o sinal "Ɔ" para expressar que uma classe está contida em outra, *e.g.*, $a \supset b$, *i.e.*, a classe a está contida na classe b, entendida como uma *universal afirmativa*; tal símbolo também tem a função de relacionar dois teoremas e, por isso, pode-se utilizar o termo "deduzimos".[76]

Peano aborda também o próprio conceito de *definição* em seus "Formulários". Entende-se por definição uma convenção seja por fatos ou por convenção de determinado autor, não sendo possível sua demonstração pelo viés matemático. Contudo, as definições precisam conter variáveis reais em ambos os lados da igualdade (podendo ser provisória, sendo "uma igualdade que contém em um membro um sinal que não aparece no outro"[77]) e, ao definir uma nova função oriunda de um desenvolvimento de outras, deve-se utilizar apenas a última delas (a nova função).

Ressalta-se que o autor entende que uma definição é uma abreviação teoricamente desnecessária, mas que possuía seu papel no progresso da ciência.[78] Nos "Formulários", há algumas demonstrações de proposições e Peano compreende *demonstrações* como sequência de proposições vinculadas de forma adequada que geram tais proposições.[79] Entre as regras de inferência mais utilizadas, sendo p, q, r, s proposições, o autor destaca:

---

[76] *Idem*, p. 4.

[77] *Idem*, p. 6: "une égalité qui contient dans un membre un signe qui ne figure pas dans l'autre".

[78] *Idem*, p. 7.

[79] *Idem*, p. 9.

Cap. 3. Pioneiros da matematização da lógica   169

- Lei do Silogismo: $p \supset q.q \supset r.\supset.p \supset r;$ [80]

- Lei da Composição: $p \supset q.p \supset r.\supset.p \supset qr;$ [81]

- Lei da Importação: de $p \supset.q \supset r$ deduz-se $pq \supset r;$ [82]

- Lei da Exportação: operação inversa $a \; \varepsilon \; N.b \; \varepsilon \; N \times a.\supset : c \; \varepsilon \; N \times b.\supset c.c \; \varepsilon \; N \times a;$

- Lei da Substituição: substituição de teoremas da forma $p \supset x, y, \ldots q$ por letras variáveis, *e.g.*, $a, b, \ldots$;

- Lei da Simplificação: deve-se sempre escrever uma proposição da forma mais simples possível em questões de uso de variáveis, suprimindo fatores, unindo proposições e hipóteses e suprimindo a hipótese quando esta for consequência necessária da proposição, contudo o inverso também pode ocorrer.

O estudioso ainda apresenta relações importantes para o desenvolvimento da lógica matemática relacionada com as classes (*Cls*), que constantemente são utilizadas em seus "Formulários", complementando o que já foi exposto em "Princípios aritméticos", sendo elas apresentadas a seguir:

1. $a \; \varepsilon \; Cls.\supset : x, y, \; \varepsilon \; a. = .x \; \varepsilon \; a.y \; \varepsilon \; a$

2. $ab \; \varepsilon \; Cls.\supset : ab = a \cap b : x \; \varepsilon \; ab. = .x \; \varepsilon \; (ab)$

---

[80] $((p \rightarrow q) \wedge (q \rightarrow r)) \rightarrow (p \rightarrow r).$
[81] $(((p \rightarrow q) \wedge (q \rightarrow r)) \rightarrow (p \rightarrow q \wedge r)).$
[82] De $(p \rightarrow (q \rightarrow r))$ deduz-se $((p \wedge q) \rightarrow r).$

3. $xa(y\beta z) = (xay)\beta(xaz)$

4. $a, b \ \varepsilon \ Cls.\supset \therefore x \ \varepsilon \ a. =_x .x \ \varepsilon \ b := .a = b$

5. $a, b \ \varepsilon \ Cls.\supset.a \cup b = x \ 3(c \ \varepsilon \ Cls.a\supset c.b\supset c.\supset c.x \ \varepsilon \ c)$

6. $a, b, c \ \varepsilon \ Cls.\supset.x \ \varepsilon \ a. \cup .x \ \varepsilon \ b. = .x \ \varepsilon \ a \cup b$

7. $\Lambda = x \ 3(a \ \varepsilon \ Cls.\supset_a.x \ \varepsilon \ a)$

8. $-a$

9. $a, b \ \varepsilon \ Cls.\supset : \exists a. = .a- = \Lambda$

10. $a, b, c \ \varepsilon \ Cls.\supset \therefore (x; y) \ \varepsilon \ a.\supset x, y.y \ \varepsilon \ b :=: \exists x \ 3[(x; y)\varepsilon \ a]$

11. $\iota x = y \ 3(y = x)$

12. $a, b, c, d \ \varepsilon \ Clas.\supset : a; b = (x; y) \ 3(x \ \varepsilon \ a.y \ \varepsilon \ b)$

13. $a, b, c, d \ \varepsilon \ Clas.\supset \therefore u \ \varepsilon \ bfa. =: x \ \varepsilon \ a.\supset.ux \ \varepsilon \ b$

14. $a, b \ \varepsilon \ Cls.u \ \varepsilon \ bfa.\supset.(ux)|x = u$

15. $a, b, c, d \ \varepsilon \ Cls.u \ \varepsilon \ bfa.\supset.u'a = y \ 3[\exists a \cap x \ 3(ux = y)]$

Das definições apresentadas por Peano, podemos interpretá-las como: seja a uma classe, escreve-se $x, y \ \varepsilon \ a$, lendo-se x e y estando em a (1); sejam a e b classes, se x está na conjunção delas, isso significa que x está na classe a e x está na classe b (2); e Peano entende tal relação como a distribuição de elementos (3). Sejam a e b classes, para todo x esteja em a que possua uma igual em b, entende-se que a e b são classes iguais (4) e a relação de disjunção é

Cap. 3. Pioneiros da matematização da lógica   171

compreendida como uma adição lógica. Peano ressalta que não utiliza o símbolo "+" como Leibniz, devido a sua ambiguidade quando abordado na aritmética (5).[83]

Continuando, podemos entender a relação de distribuição (6) e essa relação indica a classe vazia. Peano destaca que Lebniz denomina essa classe *Nihil*, e Boole denomina 0; destaca também que a noção de $-\Lambda$ (todo ou verdadeiro) foi apresentada por Peirce em 1887 (7).[84] Sendo a uma classe, sua negação denota-se como $-a$. Peano considera a utilização dessa notação tal como Leibniz, Boole, Segner. Contudo, apresenta também que em certos trabalhos há utilização de $\cup\cap$ (8)[85] (que podemos entender como "⌣"). Sejam a e b classes, se existe um a, é o mesmo que dizer que não existe uma classe nula/vazia (9). Nota-se que Peano entende esse processo como *eliminação de variável* (10).[86]

Seguindo, entendemos a relação de igualdade (11) e a relação de combinação entre classes (12). O conceito de função, sendo "e que u é um bfa, quando o sinal que ele escreve na frente de um a produz um b" (13),[87] assim como a relação de função inversa denotada por "|" (14) e seja um elemento qualquer de uma classe (15).

O papel de Peano no desenvolvimento de uma matematização é de grande relevância, visto que, por meio de seus estudos e "Formulários", houve uma definição de sinais li-

---

[83]Peano, 1901, p. 19.

[84]*Idem*, p. 27.

[85]*Idem*, p. 24.

[86]*Idem*, p. 28.

[87]*Idem*, p. 33: "et que u est un bfa, lorsque le signe u écrit en avant d'un a produit un b".

172   Projetos de matematização da lógica

vres de ambiguidades delimitados em cada área, seja na aritmética, nas lógicas de proposições ou teoria de classes. Ressalta-se que o autor pensa não ser apropriada a utilização de diversos símbolos para as demonstrações, e em seus "Formulários" ele e seus colaboradores limitam-se a uma centena de símbolos, pois,

> na linguagem comum, existem várias formas para representar a mesma ideia indicada aqui por um único símbolo. Damos um nome a cada símbolo: mas devemos ler os símbolos e os conjuntos de símbolos de uma forma próxima da linguagem comum. Um pequeno exercício permite que você leia as fórmulas da forma usual.[88]

Para além da contribuição para o simbolismo, Peano contribui para a elaboração das definições tanto na matemática quanto na lógica, ressaltando a distinção entre elas:

> O estudo das diferentes formas de definições, que encontramos nas ciências matemáticas, também levou a resultados interessantes mencionados no "Formulário". As regras estabelecidas por Aristóteles depois, nos tratados da lógica escolástica, não são aplicáveis à definições matemáticas, mas encontramos novas regras que não podem violar sem nos expor a dificuldade e erros.[89]

---

[88]Peano, 1903, p. 7: "Dans le langage ordinaire, on a plusieurs formes pour représenter une même idée indiquée ici par un symbole seul. Nous donnons à chaque symbole un nom: mais il convient de lire les symboles, et les ensembles de symboles, sous une forme qui s'approche du langage ordinaire. Un peu d'exercice permet de lire les formules sous la forme habituelle".

[89]*Idem*, p. 6: "L'étude des différentes formes de définitions, qu'on rencontre dans les sciences mathématiques, a aussi conduit à des inté-

Cap. 3. Pioneiros da matematização da lógica   173

De modo a concluir a exposição e reflexão das contribuições de Peano, deve-se destacar sua notação visando à simplificação e rigorosidade da linguagem no desenvolvimento das inferências em matemáticas; a apresentação de um conjunto, relativamente pequeno, de regras que são a base para suas deduções; seu estudo sobre a teoria das classes, que pode ser comparada hoje com a teoria de conjuntos e a compilação de fórmulas e deduções de grande impacto na comunidade tanto filosófica quanto matemática, em seus "Formulários".

Nota-se que Peano deixa explícitas as influências que foram relevantes para suas inovações, por exemplo, Leibniz, Boole e Schröder. Portanto, conclui-se que a participação de Peano na lógica e na matemática, como citado por ele em seu "Formulário" de 1901, possibilitou uma escrita simplificada, impactando diretamente na forma e rigorosidade das deduções nessas áreas, bem como na produção de novos conhecimentos.

Cumpre ressaltar que essas inovações tiveram grande impacto no decorrer da história da matemática, reverberando direta ou indiretamente nos lógicos e em suas pesquisas; destacamos, como encaminhamento para compreensão do percurso aqui empreendido, três grandes escolas de fundamentos de matemática: a escola *logicista*, a escola *intui-*

---

ressans résultats mentionnées dans le Formulaire. Les règles énoncées par Aristote, et ensuite dans les traités de Logique Scolastique, ne sont pas apllicable aux définitions mathématiques; mais on a rencontré des nouvelles règles, qu'on ne peut pas violer sans s'exposer à des difficultés et à des erreurs".

174 Projetos de matematização da lógica

cionista e a escola *formalista*.

A escola *logicista* assumia que "a matemática é um ramo da lógica. As noções matemáticas devem ser definidas em termos das noções lógicas. Os teoremas da matemática devem ser provados como teoremas da lógica".[90] Entre os expoentes dessa escola, encontram-se: Gottfried W. Leibniz (1666),[91] J. W. Richard Dedekind (1888),[92] Gottlob Frege (1884, 1893, 1903),[93] Giuseppe Peano (1889, 1894, 1908),[94] Alfred N. Whitehead e Bertrand Russell (1910-1913).[95] De modo a exemplificar a forma de analisar a matemática como definida pela lógica, pode-se citar o exemplo introduzido por Frege-Russell sobre os números naturais e a estratégia de Russell para superar o problema dos tipos como o axioma de redutibilidade.[96]

No que tange à escola *intuicionista*, cujo criador e expoente é Brouwer (1923, 1927),[97] a matemática é tomada

---

[90]Kleene, 1971, p. 43: "The logicistic thesis is that mathematics is a branch of logic. The mathematical notions are to be defined in terms of the logical notions. The theorems of matematics are to be proved as theorems of logic".

[91]*Dissertatio de arte combinatoria.*

[92]*Was sind und was sollen die Zahlen?* (O que são e quais são os números?)

[93]1884: *Die Grundlagen der Arithmetik: Eine logisch-mathematische Untersuchung über den Begriff der Zahl* (*Os fundamentos da aritmética: uma investigação lógico-matemática sobre o conceito de número*), vol. 1, e em 1903 o vol. 2; 1893: *Grundgesetze der Arithmetik* (As leis básicas da aritmética).

[94]1889: "Os princípios da geometria logicamente expostos"; 1894 até 1908: publicações do *Formulaire de mathématiques* (Formulário de matemática).

[95]*Principia mathematica.*

[96]Para mais detalhes sobre axioma, ver Kleene, 1971.

[97]1923: "On the significance of the principle of excluded middle in mathematics, especially in function theory" ("Sobre a importância do

Cap. 3. Pioneiros da matematização da lógica 175

como idêntica à exata parte do nosso pensamento, formulado de tais princípios, tornando o ideal (declarações que não são usadas) para o real (usando a intuição), não tendo ligação com a filosofia, sendo, dessa forma, intuitiva (evidente). De acordo com Kleene, a principal distinção entre os intuicionistas e não intuicionistas é a abordagem destes ao *infinito*:

> A matemática não intuicionista, que culminou nas teorias de Weierstrass, Dedekind e Cantor, e a matemática intuicionista de Brouwer diferem essencialmente em sua visão do infinito. No primeiro, o conjunto infinito é tratado como *atual* ou *completo*, *estendido* ou *existencial*. Um conjunto infinito considerado existente como uma totalidade completa, antes ou independentemente de qualquer processo humano de geração ou construção, e como se pensava que poderia ser espalhado completamente para nossa inspeção. Nesse último, o infinito é tratado apenas como *potencial* ou *apropriado* ou *construtivo*.[98]

Na análise de Kleene, na escola *formalista* a ênfase recai sobre David Hilbert, que, diferentemente de Brouwer, não rompe com tradição clássica, mas utiliza-a como referência

---

princípio do terceiro excluído na matemática, especialmente na teoria das funções"); 1927: "Intuitionistic reflections on formalism" ("Reflexões intuicionistas sobre formalismo"), *in*: Van Heijenoort, 1967.

[98]Kleene, 1971, p. 48: "The non-intuitionistic mathematics wich culminated in the theories of Weierstrass, Dedekind, and Cantor, and the intuitionistic mathematics of Brouwer, differ essentialy in their view of the infinite. In the former, the infinite set is treated as *actual* or *completed* or *extended* or *existencial*. An infinite set regarded as existing as a completed totality, prior to or independetly of any human process of genereation or construction, and as thought it could be spread out completely for our inspection. In the latter, the infinite is treated only as *potential* or *becoming* or *constructive*".

176 Projetos de matematização da lógica

para o desenvolvimento da formalização da axiomatização das teorias matemáticas e da lógica (metamatemática). Devido a sua consistência de abordagem enquanto teoria dedutiva, a escola formalista possibilitou, assim, grande avanço na formulação das teorias axiomáticas.

> Hilbert (1926, 1928) faz uma distinção entre afirmações "reais" e "ideais" na matemática clássica, em essência como segue. As afirmações reais são aquelas que estão sendo usadas como tendo um significado intuitivo; as afirmações ideais são aquelas que não estão sendo tão usadas. As afirmações que correspondem ao tratamento do infinito como atual são ideais. A matemática clássica une as afirmações ideais ao real, a fim de treinar as regras simples da lógica aristotélica no raciocínio sobre conjuntos infinitos.[99]

Portanto, ao analisar as três escolas matemáticas, pode-se notar que seus desenvolvimentos estão ligados à filosofia e à lógica. A escola logicista, cujos alguns integrantes abordamos no decorrer deste livro, tratava de uma relação intrínseca entre as duas áreas, *e.g.*, o desenvolvimento da combinatória leibniziana e a teoria dos números de Peano apresentados nas diferentes edições do "Formulário". De modo distinto, mas não menos relevante, a escola intuicionista constitui-se em uma teoria do conhecimento matemá-

---

[99]*Idem*, p. 55: "Hilbert (1926, 1928) draws a distinction between 'real' and 'ideal' statements in classical mathematics, in essence as follows. The real statements are those which are being used as having an intuitive meaning; the ideal statements are those wich are not being so used. The statements wich correspond to the treatment of the infinite as actual are ideal. Classical mathematics adjoins the ideal statements to the real, in order to retrain the simple rules of the Aristotelian logic in reasoning about infinite sets".

Cap. 3. Pioneiros da matematização da lógica 177

tico, apta a representar a forma como o matemático deveria trabalhar com as entidades matemáticas construtivamente o pensamento humano. Por fim, a escola formalista concilia o clássico e o atual em uma perspectiva de formalizar, ditar regras, no processo de dedução e teorização de um sistema axiomático. Logo, o processo do desenvolvimento e da formalização, em um panorama histórico, tanto da lógica como da matemática, ocorre de maneira em que figuram influências mútuas, visando a uma área e um instrumento capazes de exprimir raciocínios e deduções de forma mais coerente, buscando evitar ao máximo o engano e o erro.

Considerações finais

> Ao aproximarmos lógica e matemática, queremos, com isso, tão somente sublinhar que elas se acham correlacionadas entre si de maneira profunda, tanto pelos seus objetivos como pelos seus métodos. Elas constituem, em resumo, as ciências formais, por oposição às ciências reais, como a física, a biologia e a economia. Há, entre as ciências formais e as reais, diferenças básicas, embora não tão nítidas como um racionalista poderia supor.[1]

Ao cabo das reflexões apresentadas neste livro, faz-se oportuno retomar os principais aspectos abordados em cada capítulo acerca do processo de análise da progressiva formalização da linguagem da lógica até as formas notacionais conhecidas na atualidade.

No primeiro capítulo, apresentamos duas análises que fundamentam os estudos sobre o conceito de formal ou formalismo: a noção de formalidade e o conceito de linguagem. Referente à formalidade (ou dimensão formal), nota-se que, aplicada à lógica, ocorre de maneira progressiva, *i.e.*, a lógica não nasce com sua formalidade pronta. O próprio conceito de formal não possui apenas um significado, pois pode ser

---

[1]Costa, 2008, p. 34.

180   Projetos de matematização da lógica

atribuído à dessemantificação (abstração do significado) ou a uma abordagem lógica de cunho computável (cálculo sequencial).

Sobre a linguagem, esta possui características centrais (fala, semântica, sintaxe e função comunicativa), uma escrita que não necessariamente expressa a fonética das palavras, sendo analisada tanto por sua pragmática quanto para tornar a própria linguagem um objeto de estudos. Analisando a relação desses dois conceitos, chega-se à conclusão de que uma linguagem formal possui as características centrais descritas, destaca-se que os lógicos, ao empregarem um conjunto de símbolos, utilizam uma linguagem semiformal, que pode fazer parte de um sistema formal quando esse sistema possui regras de transformação bem definidas por meio desse tipo de linguagem.

É válido colocar em xeque algumas situações relativas às linguagens formais, bem como sua estruturação e aplicação, que foram apresentadas no primeiro capítulo. Uma possibilidade, que não deve ser descartada ao utilizar uma linguagem formal, é o seu mal funcionamento seja por erro em sua constituição ou por sua aplicação inadequada em determinada situação.

Frege, em sua *Conceitografia*, reconhece que sua formalização possui uma aplicabilidade em determinadas situações e em outras não, *e.g.*, como no caso do olho e do microscópio,[2] em que, apesar da superioridade tecnológica do microscópio, este possui limitações em relação aos olhos e,

---

[2]Esse exemplo foi discutido na seção de Frege.

certamente, a recíproca é verdadeira. Assim, um sistema formal não deve ser apenas rigoroso, mas também aplicável ao universo em que ele será utilizado.

Partilhando das reflexões de Dutilh Novaes, conclui-se que entender a linguagem formal como modelos de fenômenos linguísticos é um equívoco, pois, se o fossem, quando uma linguagem formal pretendesse descrever um fenômeno, seria da seguinte forma:

$$\text{Linguagem formal} \to$$

$$\to \text{Linguagem ordinária sobre o fenômeno } \aleph \to$$

$$\to \text{Fenômeno } \aleph,$$

quando, de maneira mais coerente, pode-se pensar a linguagem formal como

$$\text{Linguagem formal} \to \text{Fenômeno } \aleph.$$

Dessa forma, uma linguagem formal será parecida com o formalismo matemático, podendo exprimir o fenômeno (não necessariamente natural, mas também conceitual) sem mediação de uma linguagem formal.[3]

Outro aspecto que deve ser debatido ao se objetificar os formalismos ou sistemas lógicos é o de *sistemas de aprisionamento*, no qual há uma busca acerca da "coisa real" ou do fenômeno de acordo com seu sistema rigorosamente formal, mas que não reflete sobre a própria formalização do

---

[3]Dutilh Novaes, 2012, p. 99.

182 Projetos de matematização da lógica

sistema. Sobre essa questão, Dutilh Novaes cita Johan van Benthem:

> Deixe-me apenas mencionar um. A ênfase-padrão em sistemas lógicos formais é "de baixo para cima". Precisamos projetar um vocabulário totalmente especificado e um conjunto de regras de construção, e depois produzir construções completas de fórmulas, suas avaliações e seu comportamento inferencial. Esse recurso contribui para explicitação e rigor, mas também leva ao aprisionamento do sistema. As noções que definimos são relativas a sistemas formais. Essa é uma das razões pelas quais pessoas de fora têm tanta dificuldade em entender os resultados lógicos: geralmente há algum parâmetro que relativiza a declaração em algum sistema formal, seja lógica de primeira ordem ou algum outro sistema. Mas os matemáticos querem resultados sobre "aritmética", não sobre o sistema de primeira ordem de Peano para aritmética, e linguistas querem resultados sobre "linguagem", não sobre sistemas formais que modelam a linguagem.[4]

Ressalta-se também, segundo Dutilh Novaes, duas limitações sobre o formalismo ou os sistemas formais: a *não*

---

[4]*Idem*, p. 100: "Let me just mention one. The standard emphasis in formal logical systems is 'bottom up'. We need to design a fully specified vocabulary and set of construction rules, and then produce complete constructions of formulas, their evaluation, and inferential behavior. This feature makes for explicitness and rigor, but it also leads to system imprisonment. The notions that we define are relative to formal systems. This is one of the reasons why outsiders have so much difficulty grasping logical results: there is usually some parameter relativizing the statement to some formal system, whether first-order logic or some other system. But mathematicians want results about 'arithmetic', not about the first-order Peano system for arithmetic, and linguists want results about 'language', not about formal systems that model language".

Considerações finais 183

categorização e a *incompletude dedutiva*. Para iniciar a análise dessas limitações, é necessário conceituar, primeiramente, o que é categorização. Por *categorização*, entende-se a propriedade de uma teoria em categorizar apenas seus fenômenos-alvo; sendo assim, "uma teoria T é chamada categórica (relativa a uma dada semântica) se, para todos os modelos M, N de T, existir um isomorfismo entre M e N".[5]

Diante disso, a incompletude e a não categorização podem ser compreendidas como correlativas uma à outra, em que a incompletude se refere à não captura de todas as "verdades" que um sistema formal busca exprimir, enquanto a não categorização não consegue caracterizar seu fenômeno-alvo, *i.e.*, "a incompletude e a não categorização são, portanto, limitações intrínsecas ao projeto de caracterizar uma determinada classe de objetos ou fenômenos completa e exclusivamente, por meio de um sistema formal de axiomatização/formalização".[6]

Como mencionado anteriormente, a constituição da linguagem formal enquanto formalismo não ocorre de maneira abrupta no tempo. No primeiro capítulo, apresentamos um breve desenvolvimento dessa linguagem vinculada à concepção de cálculo. Partiu-se das letras esquemáticas utilizadas por Aristóteles e, posteriormente, pelos lógicos

---

[5]*Idem*, p. 104: "A theory T is called categorical (relative to a given semantics) if for all models M, N of T, there exists an isomorphism between M and N".

[6]*Idem*, p. 106: "Incompleteness and non-categoricity are thus intrinsic limitations in the project of characterizing a given class of objects or phenomena completely and uniquely by means of an axiomatization/formal system".

184 Projetos de matematização da lógica

medievais, *e.g.*, Lúlio, desenvolvendo-se uma linguagem escrita voltada para o cálculo mecânico de conceitos, como era a intenção de Leibniz e seus contemporâneos (que buscaram realizar seu projeto de um *calculo rationator*).

Posteriormente, Boole e Frege introduziram diversas e relevantes contribuições ao desenvolvimento dessa linguagem formal, com a definição da classe de todos (universal) (1) e da classe nula (0) por Boole e com a relação entre conteúdo, juízo e função de Frege. De fato, a notação bidimensional de Frege não teve grandes avanços, mas influenciou Whitehead e Russell no desenvolvimento do *Principia mathematica*, munidos também da linguagem formal apresentada por Peano em seus "Formulários".

A mudança metateórica proporcionada por Hilbert, com a axiomatização dos fundamentos matemáticos e de suas linguagens, coloca o próprio sistema de axiomas no lugar do objeto que, posteriormente, será posto em xeque com a teoria da incompletude de Gödel, abordando agora as limitações das linguagens formais, que poderiam ser utilizadas para provar teoremas.

Após essa reflexão, pode-se analisar de forma mais crítica as interações e os desenvolvimentos dos lógicos no decorrer da história da lógica. Nota-se, por exemplo, que há uma conexão de propósitos, de forma a acolher ou criticar as teorias dos filósofos apresentados.

No segundo capítulo deste livro, apresentamos autores cujo objetivo era matematizar e expressar de maneira formal a lógica. Vimos que os estudos de Izquierdo foram

Considerações finais   185

baseados nas obras de Aristóteles, Cícero, Lúlio, Bacon, entre outros, o que permitiu os avanços apresentados por ele
no *Pharus*, expondo de forma distinta os silogismos aristotélicos e levando em consideração a elaboração de silogismos
hipotéticos (puro, misto e composto).

Outro lógico que explicita suas influências é Leibniz,
que, na *Ars combinatoria*, discorre sobre as perspectivas de
Lúlio sobre sua *Ars magna*:

> § 60. pois todo o seu método está mais voltado para
> a arte de passar em um determinado momento do que
> para uma ciência completa que conclui de certas coisas, de
> acordo com a intenção, se não do próprio Lúlio, pelo me-
> nos dos lulistas. Ele determinou, a seu critério, o Número
> dos Termos, portanto em cada uma das classes em que es-
> tão. [...] ele deveria ter adicionado muito mais predicados
> relativos, por exemplo, causa, tudo, parte, requisito etc.
> Quanto ao resto, [os predicados de] maioria, igualdade,
> minoria nada mais são do que concordância e diferença
> de magnitude.[7]

Novo vínculo que pode ser encontrado nessa obra de
Leibniz é seu conhecimento dos estudos de Thomas
Hobbes. É válido ressaltar que Hobbes normalmente não
é um autor vinculado diretamente com a lógica; contudo,

---

[7]Leibniz, 1992, p. 62: "pues todo el método suyo se dirige más
bien al arte de discurrir en un cierto momento, que a una ciencia plena
que concluye a partir das cosas dadas, según la intención, si no del
mismo Lulio, al menos de los lullistas. El determinó, según su arbitrio,
el Número de los Términos, de aquí que en cada una de las clases sean.
[...] el debia haber añadido mucho más predicados relativos, por ejem-
plo, Causa, todo, parte, Requisito, etc. Por los demás [los predicados
de] Mayoría, Igualdade, Minoría, no son otra cosa que concordancia y
diferencia de magnitude".

186 Projetos de matematização da lógica

Leibniz coloca-o como pioneiro do desenvolvimento da arte combinatória, pois ele entendia o raciocínio como operações do cálculo, mais especificamente soma e subtração:

> § 63. E agora, no entanto, por meio do exposto, podemos traçar as primeiras linhas de uma arte complicada (se preferirmos, de fato, é porque, certamente, nada superficial é uma combinação) para que se perceba que ela deve ser constituída. Th. Hobbes, um escrutinador escrupuloso dos princípios em todas as coisas, propôs, com razão, que todo trabalho de nossa mente era cálculo, e que por ela se obtém a sua agregação [soma] ou a diferença [subtração].[8]

Como explicitado por Lenzen, Leibniz teve um papel importante no desenvolvimento da lógica, pois podemos encontrar as bases da álgebra de Boole 160 anos antes de seu desenvolvimento. Nota-se, ainda, que os trabalhos desenvolvidos por Leibniz já possuem uma formalização axiomática, visando a um rigor intenso que possibilitaria a criação da *lingua characteristica universalis*, que não teve seu êxito devido ao tempo e à dificuldade de expressar a complexidade da linguagem e da razão quando dirigida aos mais diversos objetos.

De fato, as contribuições de Boole para o desenvolvimento da lógica, da álgebra e do formalismo em si merecem destaque. A algebrização das deduções, a definição da

---

[8]*Idem, ibidem*: "Y ahora, sin embargo, por medio de lo anterior, podemos trazar los primeros lineamentos de un arte complicatorio (si lo preferimos, en efecto, es porque, ciertamente, no toda complexión es una combinación) de modo que se vea que ella debe constituirse. Th. Hobbes, escrutador produndísimo de los principios en toda las cosas, propuso con razón que toda obra de nuestre mente era cálculo, y que por ella se obtiene la sua agregando, o la diferencia sustrayendo".

Considerações finais

classe nula (0) e da classe de todos os objetos (1), a utilização de apenas três conectivos (complementação, conjunção e disjunção), a algebrização dos silogismos e aplicação do princípio distributivo, comutativo e a Lei do Índice (que é a base da utilização do "0" e do "1"). Apesar de uma grande contribuição, os estudos de Boole continuam a ser relidos e atualizados, visando à melhor aplicabilidade, principalmente, na área de tecnologia.

De Morgan ganha destaque nesse processo, posto aqui de forma linear, de desenvolvimento da lógica, pois seus trabalhos iniciais visam buscar como entender a mente e como conseguir expressar suas leis fundamentais. De fato, ele conclui que o nosso sistema simbólico é insuficiente para poder expressar nossos pensamentos e por isso analisa a relação entre nomes, objetos, ideias e símbolos dessa forma. De Morgan tenta expressar as inferências sobre as proposições (em sua quantidade e qualidade) por meio de uma nova notação e novas categorias, *e.g.*, conceito de idêntico com suas derivações de *subidêntico* e *supraidêntico*.

As contribuições de Frege para a lógica e para a matemática são de grande impacto nessas áreas, *e.g.*, ao abordar e aplicar diferentes conceitos para o cálculo proposicional (com os conectivos) e o cálculo de predicados (com as variáveis, constantes, entre outros), realizando à sua maneira o projeto leibniziano de *calculo rationator* e desenvolvendo o que seria a *lingua characteristica*, ao refletir sobre o conceito de função (que até o momento era um conceito em aberto).

188 Projetos de matematização da lógica

Frege introduz um sistema notacional distinto do que fora visto até então (com base nos autores vistos e na tradição ocidental de lógica), sua apresentação não é mais linear, passa a ser bidimensional, distinguindo conteúdo de juízo e, por meio da relação de condição, negação e quantificação, apresentada em sua *Conceitografia*. Ressalta-se, contudo, que, apesar da inovação, o sistema de Frege não obteve muitos adeptos; porém os avanços feitos por ele – *e.g.*, o símbolo "⊢", que é entendido como "seguir-se de" em deduções, faz referência à união entre conteúdo e juízo – são utilizados até os dias atuais.

O último autor apresentado, Giuseppe Peano, assim como Frege, contribuiu grandiosamente para a lógica e para a matemática. Os trabalhos de Peano possuem relações com as teorias desenvolvidas por Leibniz, Boole e Schröder; e, munido das reflexões apresentadas por eles, o filósofo começa seus trabalhos voltados ao desenvolvimento da aritmética e da lógica, expresso por meio de um sistema formal simbólico restrito, *i.e.*, com poucos símbolos, cujo objetivo não era apenas expressar em outra linguagem, mas sim apresentar relações e especificar noções despercebidas. Apesar de pouco utilizado nas áreas supracitadas, o "Formulário de matemática" é uma fonte rica de materiais para entender e analisar o desenvolvimento da matemática sob o enfoque logicista e axiomático, tendo como base as relações lógicas.

Após essa retomada, podemos concluir que o desenvolvimento da lógica está interligado com o modo pelo qual ela é expressa. É necessário ter ciência do contexto e dos

Considerações finais

movimentos científicos em que tais mudanças ocorreram, pois pode-se perceber traços das influências do período histórico nas produções, *e.g.*, Lúlio, ao utilizar o sistema de letras esquemáticas de Aristóteles; Leibniz, ao pensar em um *calculo rationator*, tendo a influência da comunidade acadêmica de sua época, que buscava uma matematização do pensamento.

As mudanças nas linguagens ocorrem devido à tentativa de exprimir o pensamento e o raciocínio humano. De fato, essa tarefa é extremamente complexa, visto que os lógicos tinham como objetivo usar a função comunicativa da linguagem para exprimir, de forma escrita, suas inferências, suas deduções, seus teoremas, entre outros.

Portanto, o processo de matematização da lógica, aqui apresentado de forma sucessiva e interligada entre os autores estudados, tem como objetivo exprimir de modo mais rigoroso possível a relação de consequências e de inferências lógicas aplicada em um determinado sistema formal, pois, para cada sistema, há uma determinada linguagem que melhor o expressa. É válido dar atenção para o fato de que os autores abordados neste livro contribuem para a reflexão de como o processo pode ser analisado; contudo, é preciso ter ciência de que há outros avanços na lógica que independem da relação matemática ou a utilizam de forma a auxiliar seu avanço, mas não de forma principal.

Referências bibliográficas

ARISTÓTELES. *Órganon: analíticos anteriores*, vol. 2. Trad. e notas Pinharanda Gomes. Lisboa, Guimarães Editores, 1986.

____. *Prior analytics*. Trad. G. Striker. New York, Oxford University Press, 2009.

ARNAULD, A. & NICOLE, P. *La logique ou l'arte de penser*. Paris, Gallimard, 1992.

BACON, F. *Novum organum*. Trad. J. A. R. Andrade. Porto Alegre, O Dialético, 2002.

BERNAYS, P. "The philosophy of mathematics and Hilbert's proof theory". *In*: MANCOSU, P. (ed.). *From Brouwer to Hilbert*. Oxford University Press, 1930, pp. 234-265.

BLANCHÉ, R. *História da lógica*. Trad. A. P. Ribeiro, P. E. Duarte. Lisboa, Edições 70, 1996.

BONNER, A. *The art and logic of Ramon Llull*. Leiden, Koninklijke Brill, 2007.

BOOLE, G. *The mathematical analysis of logic, being an essay towards a calculus of deductive reasoning*. London, Henderson Spalding, 1847.

____. *An investigation of the laws of thought on which are founded the mathematical theories of logic and probabilities*. London, Walton and Maberley, 1854.

BROUWER, L. E. J. "On the significance of the principle of excluded middle in mathematics, especially in function theory". *In*: VAN HEIJENOORT, J. (ed.). *From Frege to Gödel: a source book in mathematical logic, 1879-1931*. Cambridge, Harvard University Press, 1967a, pp. 334-345.

____. "Intuitionistic reflections on formalism". *In*: VAN HEIJENOORT, J. (ed.). *From Frege to Gödel: a source book in mathematical logic, 1879-1931*. Cambridge, Harvard University Press, 1967b, pp. 490-492.

BRUNO, G. "De compendiosa architectura et complemento artis Lullil". *Opera latine conscripta*, vol. 2. Florentiae, Typis Successorum le Monnier, 1890.

CÍCERO. *De oratore*. Cambridge, Harvard University Press, 1967.

COSTA, N. C. A. da. *Ensaio sobre os fundamentos da lógica*. São Paulo, Hucitec, 2008 [1980].

DEDEKIND, R. *Was sind und was sollen die Zahlen?*. Braunschweig, Friedr. Vieweg Sohn, 1939.

DE MORGAN, A. *First notion of logic, preparatory to the study of geometry*. London, Taylor and Walton, 1840.

Referências bibliográficas

DE MORGAN, A. *Formal logic or the calculus of inference, necessary and probable*. London, Taylor and Walton, 1847.

____. *Elements of arithmetic*. London, Walton and Maberly, 1858.

____. *Syllabus of a proposed system of logic*. London, Walton and Maberly, 1860.

"DOGMA". *Michaelis – Dicionário brasileiro da língua portuguesa*. Disponível em <http://michaelis.uol.com.br/busca?id=1xEv>. Acesso em 9/9/2020.

DUTILH NOVAES, C. *Formal languages in logic: a philosophical and cognitive analysis*. New York, Cambridge University Press, 2012.

FERRATER MORA, J. *Dicionário de filosofia*. São Paulo, Loyola, 2000, 4 tomos.

FREGE, G. *Begriffsschrift eine der arithmetischen nachgebildete*. Hale, Verlag von Louis Nebert, 1879.

____. *Os fundamentos da aritmética: uma investigação lógico-matemática sobre o conceito de número*. Trad. L. H. Santos. São Paulo, Abril Cultural, 1984 (Os Pensadores).

____. "Função e conceito". *Lógica e filosofia da linguagem*. 2. ed. Trad. e notas P. Alcoforado. São Paulo, Edusp, 2009a, pp. 81-110.

____. "Sobre o conceito e o objeto". *Lógica e filosofia da linguagem*. 2. ed. Trad. e notas P. Alcoforado. São Paulo, Edusp, 2009b, pp. 111-128.

FREGE, G. *Lógica e filosofia da linguagem*. 2. ed. Trad. e notas P. Alcoforado. São Paulo, Edusp, 2009c, pp. 159-170.

____. "Sobre a finalidade da conceitografia". *Os primeiros escritos lógicos de Gottlob Frege*. Trad. P. Alcoforado, A. Duarte, G. Wyllie. São Paulo, Instituto Brasileiro de Filosofia e Ciência "Raimundo Lúlio" (Ramon Llull), 2012.

____. *Conceitografia: uma linguagem formular do pensamento puro decalcada sobre a da aritmética*. Trad. P. Alcoforado, A. Duarte, G. Wyllie. Seropédica, PPGFIL-UFRRJ, 2018 [1879].

GARDNER, M. *Logic machines and diagrams*. New York, McGraw-Hill Book Company, 1958.

GÖDEL, K. *O teorema de Gödel e a hipótese do contínuo*. Antologia organizada, prefaciada e traduzida por M. S. Lourenço. Lisboa, Calouste Gulbenkian, 1977 (Manuais Universitários).

GOMES, E. L. & D'OTTAVIANO, I. M. L. "Um panorama da teoria aristotélica do silogismo categórico". *CLE e-Prints (Online)*, vol. 10, 2010, p. 4.

____. *Para além das Colunas de Hércules, uma história da paraconsistência: de Heráclito a Newton da Costa*. Campinas, Unicamp, 2017.

HALMOS, P. *Naive set theory*. Princeton, D. Van Nostrand Company, 1960.

HERRERO, J. F. H. *La lógica de Sebastián Izquierdo (1601-81): un intento precursor de la lógica moderna en el siglo XVII*. Salamanca, Universidade de Navara, 2007.

Referências bibliográficas

HILBERT, D. "On the infinite". *In*: VAN HEIJENOORT, J. (ed.). *From Frege to Gödel: a source book in mathematical logic, 1879-1931.* Cambridge, Harvard University Press, 1967a, pp. 369-392.

____. "The fundation of mathematics". *In*: VAN HEIJE-NOORT, J. (ed.). *From Frege to Gödel: a source book in mathematical logic, 1879-1931.* Cambridge, Harvard University Press, 1967b, pp. 464-479.

HOBBES, T. *Tratado sobre el cuerpo.* Trad. J. R. Feo. Madrid, Trotta, 2000.

____. *Sobre o corpo – Computação ou lógica.* Trad. J. O. A. Marques. Campinas, IFCH/Unicamp, 2005.

HØYRUP, J. "Pre-modern algebra: a concise survey of that which was shaped into the technique and discipline we know". *In*: HENNING, B. *et al.* (ed.). *Essays in honour of Stig Andur Pedersen.* London, College Publications, 2006, pp. 1-15.

IZQUIERDO, S. *Pharus scientiarum*, vol. 1. Alcalá de Henares, Lugduni, sumpt. Claudii Bourgeat et Mich. Lietard, 1659a.

____. *Pharus scientiarum*, vol. 2. Alcalá de Henares, Lugduni, sumpt. Claudii Bourgeat et Mich. Lietard, 1659b.

JACQUETTE, D. "Boole's logic". *In*: GABBAY, D. & WOODS, J. (ed.). *Handbook of the history of logic*, vol. 4. Amsterdam, North-Holland, 2008, pp. 331-379.

KINDERSLEY, D. *Técnicas de pintura artística: um guia passo a passo para criação de obras com aquarela, tintas acrílica e a óleo.* Trad. Fernando Santos. São Paulo, Publifolha, 2017, pp. 14-15.

KLEENE, S. C. *Introduction to meta-mathematics.* Amsterdam, North-Holland, 1971.

KNEALE, W. & KNEALE, M. *O desenvolvimento da lógica.* Trad. M. S. Lourenço. Lisboa, Calouste Gulbenkian, 1980.

LEIBNIZ, G. W. *Dissertatio de arte combinatoria.* Berlin, 1666.

____. *Opera philosophica.* Berlin, Sumtibus G. Eichleri, 1840.

____. "Nouveaux essais sur l'entendement humain par l'auteur du système de l'harmonie préétablie". *In:* GERHARDT, C. I. (ed.). *Die philosophischen schriften von G. W. Leibniz,* vol. 5. Berlin, Weidmann, 1882, pp. 39-509.

____. *Die philosophischen schriften von G. W. Leibniz,* vol. 7. Ed. C. I. Gerhardt. Berlin, Weidmann, 1890.

____. *La logique de Leibniz.* Ed. Louis Couturat. Paris, Félix Alcan, 1901.

____. *Sämtliche Schriften und Briefe.* Darmstadt, The Deutsche Akademie der Wissenschaften zu Berlin, 1923.

____. *Disertación acerca del arte combinatorio.* Trad. M. Correia. Chile, Ediciones Universidad Católica de Chile, 1992.

LENZEN, W. "Leibniz's logic". *In:* GABBAY, D. & WOODS, J. (ed.). *Handbook of the history of logic,* vol. 3. Amsterdam, North-Holland, 2004, pp. 1-83.

Referências bibliográficas

ŁUKASIEWICZ, J. *Aristotle's syllogistic from the standpoint of modern formal logic.* 2. ed. New York, Oxford University Press, 1951.

LÚLIO, R. *Ars generalis ultima.* Frankfurt, Minerva, 1970.

____. *The art of contemplation.* San Francisco, Ignatius Press, 2002.

____. *A nova lógica.* Trad. G. Wyllie. São Paulo, Instituto Brasileiro de Filosofia e Ciência "Raimundo Lúlio" (Ramon Llull), 2014.

MUGNAI, M. "Logic and mathematics in the seventeenth century". *History and Philosophy of Logic,* vol. 31, 2010, pp. 297-314.

MUÑOZ DELGADO, V. "Lógica hispano-portuguesa e ibe-roamericana en el siglo XVII". *Cadernos Salamantinos de Filosofia.* Salamanca, vol. IX.

PEANO, G. *Arithmetices principia, nova methodo exposita.* Roma, Frates Bocca, 1889.

____. *Formulaire de mathématiques.* Turin, Bocca Frères & Ch. Clausen, 1895.

____. *Formulaire de mathématiques.* Turin, Bocca Frères & Ch. Clausen, 1897.

____. *Formulaire de mathématiques.* Turin/Paris, Tip. P. Gerbone/Gauthier-Villars, 1901.

____. *Formulaire de mathématiques.* Turin, Bocca Frères & Ch. Clausen, 1903.

PEANO, G. *Formulaire de mathématiques*. Turin, Bocca Frères & Ch. Clausen, 1905.

___. "The principles of arithmetic, presented by a new method". *In*: VAN HEIJENOORT, J. (ed.). *From Frege to Gödel: a source book in mathematical logic, 1879-1931*. Cambridge, Harvard University Press, 1967, pp. 83-97.

PEIRCE, C. S. *The collected paper of Charles Sanders Peirce*. Cambridge, Harvard University Press, 1931.

RAMUS, P. *Dialecticæ libri duo*. Francofurti, Andream Wechelum, 1577.

SARAIVA, F. R. S. *Novíssimo dicionário latino-português*. 11. ed. Belo Horizonte/Rio de Janeiro, Livraria Garnier, 2000.

VAN HEIJENOORT, J. (ed.). *From Frege to Gödel: a source book in mathematical logic, 1879-1931*. Cambridge, Harvard University Press, 1967.

WHITEHEAD, A. & RUSSELL, B. *Principia mathematica*. Cambridge, Cambridge University Press, 1910-1913, 3 vols.

ZACH, R. "Hilbert's program". *In*: ZALTA, E. N. (ed.). *The Stanford encyclopedia of philosophy*. Autumn 2019. Disponível em <https://plato.stanford.edu/entries/hilbert-program>. Acesso em 9/9/2020.

Título	Projetos de matematização da lógica: de Raimundo Lúlio a Giuseppe Peano
Autor	Rafael da Silva da Silveira
Coordenador editorial	Ricardo Lima
Secretário gráfico	Ednilson Tristão
Preparação dos originais e revisão	Vilma Aparecida Albino
Editoração eletrônica	Rafael da Silva da Silveira
Design de capa	Ednilson Tristão
Formato	16 x 23 cm
Papel	Avena 80 g/m² – miolo
	Cartão supremo 250 g/m² – capa
Tipologia	URW Palladio L
Número de páginas	200

ESTA OBRA FOI IMPRESSA NA GRÁFICA CS
PARA A EDITORA DA UNICAMP EM NOVEMBRO DE 2023.

MISTO
Papel produzido a partir
de fontes responsáveis
FSC® C122682

FSC
www.fsc.org